La Bienveillance en entreprise : utopie ou réalité ?

Groupe Eyrolles
61, bd Saint-Germain
75240 Paris Cedex 05
www.editions-eyrolles.com

Paul-Marie Chavanne • Olivier Truong

La Bienveillance en entreprise : utopie ou réalité ?

EYROLLES

Remerciements

Nos remerciements à nos familles pour leur soutien dans la rédaction de ce livre, particulièrement à Pascale Laroche Denecker, Amélie Truong, et Hélène Chavanne pour l'avoir relu avec patience et attention. Ce livre n'aurait pu voir le jour sans leur aide, et leur affection. Une pensée amicale et reconnaissante pour Marie-Noëlle, Isabelle et Thierry qui nous ont suivis dans cette aventure.

Aux auteurs qui nous ont fait le plaisir d'écrire pour donner leur point de vue sur la Bienveillance en entreprise : Éric Albert, Frank Bournois, Raphaël H. Cohen, Laurent Choain, François Dupuy, Philippe Gabilliet, Quy Huy, Emmanuel Jaffelin, Bernard Ramanantsoa et Maurice Thévenet. Qu'ils trouvent ici l'expression de notre gratitude.

Nous voulions remercier tous ceux qui nous ont aidés par leur soutien : Sylvie François, Catherine Jossier, Emmanuel Vivet, Laurent Zermati, Fabrice Cavarretta, David Autissier, Marie-Béatrice Duval, Jean-Claude Legrand, Alexia Fourcaud, Evelyne Bonleu, Evelyne Sevin, Patricia Benjamin, Pauline Her, Candice Herbreteau, Chantal Dubertret, Laurent Germain et Olivier Basso. Également, Dominique Pepin, William Shorten, Emilia Escalante, Remy Oudghiri, Olivier et Agnès Gaide, Christian et Agnès Carol, le Père Philippe Hénaff, le Père Guy Rondepierre, Valérie Coscas, Vincent Dupuy, Judy et Palmer Hartl, et plus largement tous les amis que nous n'avons pu citer ici pour leurs messages d'encouragements et pour leur intérêt à diffuser largement une culture de la bienveillance. Nos remerciements vont en particulier à Nathalie Roos pour sa préface et sa confiance.

Nous tenions également à saluer l'équipe éditoriale d'Eyrolles pour nous avoir fait confiance et nous avoir accompagnés dans ce projet : Marie Pic-Pâris Allavena, Claudine Dartyge, Élodie Bourdon et Marie-Cécile de Vienne.

Sommaire

La Bienveillance au quotidien : l'équation impossible ?

Partie I – Au cœur du phénomène humain, la puissance des peurs et la force du désir

PARTIE II – À L'OPPOSÉ DE LA BIENVEILLANCE, LE POUVOIR DE L'EGO

PARTIE III – LES TEMPS MODERNES OU LA MACHINE À BROYER

RENVERSER LA VAPEUR ET AGIR POUR DIFFUSER LA BIENVEILLANCE

PARTIE IV – À LA RECHERCHE DE L'ORGANISATION BIENVEILLANTE

« Rendre la vie plus belle », tel est le crédo qui donne une ligne directrice à mon engagement professionnel, citoyen et à ma vie personnelle.

Nous vivons dans un monde de repli sur soi, de mise en cause des institutions et de mutations économiques profondes. Peut-on inverser les choses autour de nous et notamment dans notre environnement professionnel ? Nous passons tant de temps au travail. Comment faire pour que notre vie relationnelle, notre vie d'échanges, continue de s'épanouir en entreprise ?

Je crois qu'il existe plusieurs manières de vivre cette intensité au travail, et ma carrière m'a montré que l'on pouvait rendre le monde meilleur en cherchant à faire que les collaborateurs aient, dans leur travail, davantage d'harmonie et d'ouverture aux autres et entre eux.

J'ai la conviction que ce que nous vivons dans l'entreprise n'est pas sans lien avec le reste de la cité. Traitons bien les personnes, faisons prévaloir le bien et ils répercuteront ces comportements de « bonté » ailleurs.

L'idée que je communique largement autour de moi et autour de laquelle j'engage mes équipes est celle de créer ensemble une *Great Place To Win*. En effet, je suis convaincue – et j'ai eu l'opportunité de démontrer dans mes différentes expériences professionnelles –, que c'est quand chacun se sent émotionnellement connecté avec l'entreprise, a l'opportunité de faire ce qu'il peut faire de mieux tous les jours, se sent respecté, responsabilisé et développé, c'est là que nous avons les meilleures performances. La *Great Place To Win* commence par nos collaborateurs ; elle « contamine » ensuite positivement nos clients, nos consommateurs, nos partenaires et l'ensemble des communautés qui nous entourent.

Le rôle du manager est clé dans cette approche. Clarifier les attentes, s'assurer que chacun de ses collaborateurs a les moyens de réussir, montrer du respect, de la bienveillance, encourager le développement personnel, favoriser la coopération autour d'une vision partagée, voilà comment un manager fait la différence.

Se posent néanmoins de nombreuses questions : comment faire pour que le réflexe des managers soit de soutenir et de valoriser leurs équipes, et de refuser les postures de domination ? Comment faire pour que soit respectée la volonté de chacun d'équilibrer vie professionnelle et vie personnelle dans la culture de son entreprise ?

À la naissance de ma fille, je suis sans doute devenue un meilleur manager. Mon travail est resté primordial, mais je voulais être présente pour elle le soir. Elle m'a appris à aller à l'essentiel et à concilier ce qui n'est pas négociable avec ma passion professionnelle.

Je crois que la bienveillance est une attitude qui se transmet en cascade, depuis le haut d'une organisation jusqu'en bas de celle-ci et autour d'elle. Être bienveillant, c'est s'intéresser sincèrement à l'autre et à son bien-être, en toutes circonstances. La bienveillance n'est pas exclusive du leadership, bien au contraire. Un leader bienveillant prend aussi des décisions difficiles ; il les prend, justement, avec bienveillance.

Il est important aussi de créer les conditions de réussite, notamment en dessinant des organisations « lean », avec moins de niveaux hiérarchiques, afin que les décisions puissent se prendre au plus près des clients, et que chacun ait une responsabilité claire et se sente libre d'agir au quotidien.

Cela frise-t-il l'utopie ? Je ne le pense pas.

Le livre de Paul-Marie Chavanne et d'Olivier Truong est rare, car en partant d'une connaissance des ressorts de l'âme humaine (de ses peurs, de ses vulnérabilités et de ses désirs), il nous propose un chemin crédible et plein d'espoir pour diffuser la Bienveillance, et participer à rendre le monde plus beau.

Nathalie Roos

Nathalie Roos est directrice générale de la division Produits professionnels et membre du comité exécutif de L'Oréal. Elle a auparavant occupé des postes de direction générale de groupes multinationaux et a été vice-présidente du pôle compétitivité et emploi de la région Alsace (2010-2014). Elle est mère de 3 enfants.

Introduction

La Bienveillance devient-elle une idée à la mode ? Si le sujet semble consensuel, les comportements individuels dans les organisations sont loin d'incarner cette vertu recherchée : cyniques, désabusés, colériques, et capricieux… Certains oublient les qualités de tolérance, d'attention et de valorisation que l'on dépeint comme essentielles pour renforcer la cohésion des équipes et s'inscrire dans l'innovation organisationnelle et la créativité.

Partout, les images d'un monde en proie à la violence et aux crimes nous éloignent de l'attention à l'autre. Les managers sont nourris à l'idée que les dirigeants qui réussissent et les entrepreneurs ont tous les droits, et que leurs excès et caprices narcissiques vont de pair avec leur génie. Certains prônent ouvertement la malveillance pour réussir, comme ce patron mythique de la Silicon Valley qui disait en substance : « On ne peut pas survivre sans être paranoïaque. »

Qu'est-ce que la Bienveillance ?

La Bienveillance, c'est davantage que de la gentillesse et de l'attention à l'autre. La Bienveillance va bien au-delà. Elle est une forme de volonté permanente que chacun puisse se réaliser, que chacun puisse prendre des initiatives, que chacun puisse trouver une voie pour rencontrer son destin, développer son potentiel et « devenir soi ».

Comme l'Amour, la Bienveillance s'appréhende davantage par ses manifestations que par sa nature propre. Comme l'Amour également, elle se donne à voir à travers le manque : le manque de Bienveillance dit quelque chose de la Bienveillance elle-même, comme le manque d'Amour dit quelque chose de l'Amour. La Bienveillance envers quelqu'un, c'est d'abord s'intéresser à lui, prendre soin de lui.

Par extension, dans une compréhension plus psychologique de cette notion, la Bienveillance fait référence à l'attitude qui consiste à chercher le bien de l'Autre, qui vise à le faire grandir en s'appuyant sur ses qualités et en l'aidant à dépasser ses limites.

> " Une attitude bienveillante est une attitude qui privilégie volontairement le positif sur le négatif, les potentiels sur les manques.

Finalement, il est plus facile de parler d'attitudes bienveillantes que de la Bienveillance elle-même. Une attitude bienveillante envers quelqu'un est une attitude qui privilégie volontairement le positif sur le négatif, les potentiels sur les manques inhérents à cette personne, dans le plus grand respect de celle-ci (et d'abord de sa liberté).

Cependant, être bienveillant ne signifie pas forcément être conciliant, voire même tolérant. L'excès de conciliation et de tolérance conduit à une forme d'indifférence qui est à l'opposé de la Bienveillance.

Spontanément, la Bienveillance est une notion que l'on rapporte au champ des pures relations interpersonnelles. Dans cette perspective, la Bienveillance est laissée au hasard des dispositions et des tempéraments de chacun : heureux sont les hommes et les femmes qui ont affaire à des interlocuteurs bienveillants ; et tant pis pour les autres…

ET LA BIENVEILLANCE EN ENTREPRISE ?

Peut-on, dans ce monde de l'entreprise globalisée, ultra-concurrentielle, « oser la Bienveillance » ? N'est-ce pas un vœu pieux formulé par quelques idéalistes en dehors des réalités opérationnelles du monde ? En réalité, au contraire, les nombreuses enquêtes montrent que les équipes n'aspirent qu'à davantage de Bienveillance en entreprise. Une étude de l'université de Warwick[1] montre que la productivité d'une équipe heureuse augmente de 12 %.

Les sciences humaines et sociales nous montrent que la Bienveillance permet de créer un environnement favorable sur la motivation individuelle et l'engagement, et au final, sur le fonctionnement des petits groupes. Cependant, ces mêmes recherches peinent encore à démontrer que la Bienveillance est à la source de création de valeur pour des organisations, pour la simple et bonne raison que la performance d'une organisation est le résultat d'une multitude de facteurs de causalité, que l'on ne peut réduire à la seule dimension du leadership, des relations humaines ou de la considération de la personne.

Pourtant, *a contrario*, rien ne nous prouve que la Bienveillance soit antinomique de la performance. Bien au contraire, l'observation d'équipes restreintes montre

---

1. OSWALD Andrew J., PROTO Eugenio, SGROI Daniel, *Happiness and Productivity*, University of Warwick, 2012.

que le sentiment de sécurité, de lien social, de protection réciproque, de joie et d'expérimentation amène les équipes à développer un engagement fort dans le travail. Or, l'engagement des collaborateurs est l'une des meilleures clés de la performance. Sans cela, les individus se détournent de leurs tâches, les font *a minima* et l'entreprise passe à côté de trésors de créativité et d'innovation potentielle.

EXISTE-T-IL UNE DIMENSION COLLECTIVE DE LA BIENVEILLANCE ?

Le rôle des dirigeants et des managers est bien évidemment central. Et pourtant, au-delà des comportements individuels, existe-t-il des barrières à la mise en place d'organisations concrètes capables de promouvoir la Bienveillance ? Poser cette question, c'est interroger la possibilité d'une dimension collective de la Bienveillance.

En d'autres termes, y a-t-il une place pour une culture de la Bienveillance dans l'entreprise ? Cette question est le fil rouge de la réflexion que nous avons voulu mener dans cet ouvrage. Il n'y a pas de réponse simple à cette question qui touche à la fois à la philosophie des rapports humains, aux valeurs qui les inspirent, ainsi qu'à des modes d'organisation ou des pratiques managériales très concrètes de l'entreprise.

L'observation du réel et le pragmatisme ont guidé notre réflexion. Celle-ci ne débouche pas sur un modèle théorique de comportement ou d'organisation garantissant l'existence d'une culture de Bienveillance. Mais tout au long de l'ouvrage, des indices, des repères ou des critères sont suggérés ou montrés, qui font référence à des situations dans lesquelles probablement de nombreux lecteurs se retrouveront.

Notre plus grand espoir est que tous ces signes aideront le lecteur à s'interroger, à relire son expérience et à considérer qu'il peut lui aussi contribuer à l'émergence d'une plus grande harmonie dans les relations de travail.

Ce livre se veut d'abord le moyen d'une prise de conscience : nous pouvons tous être « acteurs de Bienveillance », et ainsi participer, même modestement, à l'émergence d'un monde meilleur.

LA BIENVEILLANCE AU QUOTIDIEN : L'ÉQUATION IMPOSSIBLE ?

Partie I

Au cœur du phénomène humain, la puissance des peurs et la force du désir

Au cœur des hommes et des femmes se trouvent des peurs et des désirs. Comprendre ce qui nous anime au plus profond du cœur est la première étape pour développer de la Bienveillance. La peur développe une logique du soupçon, qui favorise un climat de malveillance, et provoque le souci principal de la conservation de soi.

Les mécanismes pour surmonter ses peurs sont complexes et intimes. Surmonter sa propre peur d'être abandonné et d'être mangé est le préalable pour tout manager qui veut inspirer. Il pourra alors ensuite, pleinement conscient de ces mécanismes, apaiser les craintes de ses collaborateurs.

Dans la même veine, apprivoiser son besoin d'être aimé et son besoin d'être reconnu comme unique est le premier acte vers une meilleure gestion de soi. Cette connaissance de ses moteurs personnels est l'étape clé qui permet au manager de répondre alors aux besoins d'amour et de reconnaissance des membres de son équipe, condition *sine qua non* de la motivation et de l'engagement.

Enfin, dans une époque où les jeunes générations demandent du sens, la responsabilité du manager pour établir de la Bienveillance est de permettre à chacun de trouver sa place en étant utile.

Chapitre 1

La peur d'être mangé

Magalie, la trentaine, DG de la toute nouvelle start-up Internet du Groupe, a une réunion ce matin avec la puissante directrice de la division Grands Comptes, Bénédicte, membre du Comex, dont elle attend le soutien et l'aide pour développer cette nouvelle activité. Cette dernière, femme d'affaires de 55 ans, toise du regard la jeune femme. Rompue à l'art de la négociation et à la déstabilisation psychologique, cette prédatrice n'attend qu'une chose : une erreur et un faux pas pour récupérer dans son escarcelle le joyau Internet. Dénigrée, Magalie se sent perdue. Encore pleine d'illusions sur la Bienveillance des anciens à son encontre, sa confiance s'amenuise au fil des rencontres avec son « mentor ». Elle comprend, hélas trop tard, que Bénédicte ne veut que son échec. Elle envisage alors de tout quitter pour revenir à un emploi qui lui correspond « mieux », dans une autre boîte peut-être, dans un contexte qu'elle imagine moins politique.

Chaque jour se reproduit dans des millions de foyers ce rituel attendrissant où l'enfant vient voir ses parents : « Peur du loup… » La peur d'être broyé, avalé, est une peur qui réveillera encore bien des jeunes parents. La signification tient au stade de développement de l'enfant dans la phase orale : la peur d'être dévoré s'explique par l'association du petit à la peur d'être trop aimé, et finalement dévoré, comme il le fait lui-même en ramenant tout ce qui lui plaît à la bouche : « En m'aimant trop, vous allez peut-être me manger… »

L'expression « On va les bouffer tout crus » est souvent utilisée pour galvaniser une équipe, pour la mobiliser contre l'adversaire. L'expression est appréciée des grands fauves politiques qui maugréent sur leurs opposants avec leur sourire carnassier. Dépasser l'autre c'est l'ingurgiter, le réduire à néant en engloutissant son territoire. La peur d'être mangé, c'est donc aussi le désir de manger l'autre, d'étendre son influence et son empire.

Dans le monde de l'entreprise, il n'est pas rare de voir chacun essayer de protéger, voire d'étendre, son terrain de jeu. Ce comportement est une façon de résoudre des peurs d'enfance d'être mangé, de ne plus exister si l'autre prend le dessus. Nombre de cadres craignent que leur job soit supprimé, restructuré, démantelé, et qu'eux-mêmes cessent d'exister en étant absorbés ; ils craignent d'être licenciés parce que leur entité a été fusionnée, parce que leur division a été rachetée par un dépeceur d'entreprise qui se « goinfre » sur sa proie.

La peur crée tout sauf de la Bienveillance. La peur de perdre son travail à cause d'un rival ayant des informations qu'il pourrait utiliser pour grappiller du terrain attise les mécanismes de défense. Ceux-ci sont nombreux : déni, fuite, colère, régression… Bref, des sentiments qui n'amènent pas à libérer l'énergie créatrice et positive. Au contraire, ils amènent une tension délétère qui déteint sur la confiance.

> **La peur primale d'être mangé conduit à un comportement de méfiance.**

Cette peur primale conduit à un comportement de méfiance. Les conséquences que l'on observe fréquemment dans l'enceinte de l'entreprise sont la tendance à vouloir être au cœur du dispositif, au cœur de l'information, pour la contrôler et pour se rendre essentiel. Impossible alors de se faire manger, car « sans moi, rien ne peut plus fonctionner ». On est loin de l'entreprise libérée : à vouloir barricader l'information, à devenir le point de passage de tout, ces comportements de peur cristallisent les tensions et démotivent les collaborateurs, exaspèrent les collègues qui n'y lisent que des scénarios de stratégie égoïste et individuelle. Comme un lapin hypnotisé par les phares, la peur paralyse et inhibe ceux qui en sont la proie et qui sont ainsi privés de donner le meilleur d'eux-mêmes.

LES MANAGERS QUI ONT PEUR D'ÊTRE MANGÉS

La peur de perdre du territoire peut amener à des comportements de protection et générer des mécanismes de défense contre-productifs et néfastes, comme le contrôle excessif et le refus du lâcher-prise.

Le micro-management, ou comment faire échouer son collaborateur

Le micro-management est l'un des styles de management les plus répandus. Il amène progressivement les collaborateurs à n'être que des exécutants. C'est ce que signifie le terme « micro » ici : le manager entre dans les détails de l'exécution et ne laisse aucune parcelle d'autonomie à ses collaborateurs, ne serait-ce que la plus petite. Les micro-managers ont un besoin irrépressible de tout contrôler. Ils sont persuadés que leur manière de faire et de voir est la meilleure.

Christian a été salarié pendant vingt ans dans le conseil. Il raconte : « Dans ma première société de conseil, toutes mes présentations PowerPoint et mes notes revenaient systématiquement annotées de rouge. À plusieurs reprises, je devais remettre l'ouvrage sur la table et recommencer. L'effet était catastrophique et démotivant. Des expériences passées m'avaient montré que j'étais capable de formaliser les concepts de manière claire et explicite pour les clients. S'il y avait eu des changements majeurs ou des erreurs dans ce que je présentais, les corrections auraient été bénéfiques au travail mais la plupart du temps j'avais juste le sentiment d'être noté par un professeur, et ses apports étaient purement subjectifs. En plus de perdre confiance en moi, je devenais dépendant de son bon vouloir : j'avais fini par avoir peur de faire quoi que ce soit sans lui demander la permission.

J'avais vraiment le sentiment de perdre mon temps avec un chef qui faisait le même travail que moi ! C'est tellement démotivant ! J'ai fini par ne plus m'investir, ni faire de mon mieux, car mon manager allait de toute façon tout changer. J'étais frustré, en colère, et j'ai réussi à lui faire faire autant de travail de corrections que j'en avais eu à réaliser mes propres slides. »

La situation décrite est une situation perdant-perdant. Si le travail d'un manager consiste à s'appuyer sur les compétences de ses collaborateurs, à faire que leurs actions amplifient les siennes, le manager a tout intérêt à laisser le chemin libre et à ne plus tout contrôler ; il s'agit pour certains d'un exercice de remise en cause comportementale important.

L'autre avantage de « donner du mou » et de « lâcher du lest » est de permettre à son collaborateur d'améliorer la production et le travail. Les managers devraient s'en réjouir plutôt que de se sentir menacés dans leur territoire.

LES MANAGERS QUI FONT PEUR

Dans une étude de Lyubomirsky, King et Diener[1] sur les conséquences des états psychologiques positifs sur le succès dans la vie professionnelle, des salariés heureux augmentent leur productivité de 31 %, leurs ventes de 37 % et multiplient leur créativité par trois.

À l'inverse, la peur inhibe et paralyse les personnes qui en font les frais. Qui peut imaginer avoir du plaisir à travailler quand le besoin primaire de sécurité (besoins de base de la pyramide de Maslow, voir page 41) n'est pas satisfait ? Qui peut avoir du plaisir face à un chef qui crie, qui terrorise et se repaît de la crainte qu'il suscite comme manifestation de son pouvoir ? Dans les environnements toxiques, il est difficile de créer.

Sumantra Ghosha[2] de la London Business School, dans son discours au World Economic Forum 2010 intitulé *The Smell of the Place* (« L'odeur du lieu »), affirme qu'il lui est plus facile d'être innovant et créatif sur un campus universitaire au milieu de la forêt de Fontainebleau où il est professeur à l'Insead (Institut européen d'administration des affaires), que dans la chaleur polluée et étouffante de Bombay. Il fait ici moins référence aux conditions extérieures de travail qu'à la qualité des relations humaines dans l'organisation. Un salarié, sous pression managériale permanente, sera très probablement moins

---

1. LYUBOMIRSKY Sonja, KING Laura, DIENER Ed, « The Benefits of Frequent Positive Affect: Does Happiness Lead to Success? », *Psychological Bulletin*, the American Psychological Association, 2005, volume 131, numéro 6, pages 803-855.

2. GHOSHAL Sumantra, *The Smell of the Place*, discours au World Economic Forum, 2010.

créatif qu'un salarié ayant tissé des liens de confiance avec son manager.

Comment, en tant que manager, dominer sa propre peur qui empêche de développer des comportements bienveillants et qui parasite l'action de son équipe ? Si Bruce Wayne, épris de justice, est devenu Batman à Gotham City, c'est pour affronter sa peur des chauves-souris en les transformant en considérables moteurs d'actions…

" Savoir surmonter ses peurs est l'un des apprentissages les plus complexes à réaliser pour tout être humain.

Savoir surmonter ses peurs est l'un des apprentissages les plus complexes à réaliser pour tout être humain : surmonter son stress, surmonter ses craintes, surmonter sa peur sont de véritables défis pour tout un chacun.

Francine travaille à la caisse d'une boutique. Régine, la patronne, est profondément soupçonneuse envers ses employés. Elle a toujours peur que ceux-ci fassent mal leur travail et soient malhonnêtes. À chaque chèque encaissé, Régine vérifie que l'ordre a bien été écrit — ce qui pourrait être dans l'absolu un signe de méticulosité… mais elle visionne également les films des caméras de surveillance. Elle demande aux uns et aux autres l'heure d'arrivée et de départ de chacun. Elle accuse souvent à tort ses employés quand certains produits ont disparu. Un climat de suspicion règne. Ses collaborateurs ont l'impression qu'elle soupçonne toujours le mal. Quoi qu'ils fassent, la chef va toujours tout contrôler. Ils sentent bien sa méfiance. Francine, la plus ancienne dans l'équipe, pourtant foncièrement honnête, se demande à quoi bon faire des efforts pour faire de son mieux puisque, de toute façon, la patronne semble systématiquement trouver des prétextes pour lui chercher des poux dans la tête. Vérifier, poser des questions embarrassantes, investiguer pour mettre en défaut les équipes, sont devenus son mode de fonctionnement. Tout le monde craint de mal faire…

On observe que plus l'individu est dominé par ses peurs, plus il aura tendance à se méfier, à s'isoler, et en fin de compte, à rendre la vie de l'équipe plus difficile. Par effet de mimétisme, tout collaborateur agit en s'identifiant à son manager ; si les comportements bienveillants peuvent être contagieux, les comportements malveillants des managers le sont à coup sûr car la mauvaise monnaie finit toujours par chasser la bonne. La peur développe une logique du soupçon. Le soupçon favorise un climat de malveillance.

Chapitre 2

La peur d'être abandonné

Grégoire a fait toute sa carrière dans la maison. Mais aujourd'hui, il ne fait plus partie du comité de direction. Son nouveau chef a décidé qu'il ne conserverait plus son équipe, ni son bureau individuel. Après la colère, le déni et l'incompréhension, Grégoire comprend que son périmètre de responsabilités se réduit à peau de chagrin. Son chef ne lui propose que quelques tâches sans utilité. Lui qui a longtemps été au sommet de l'entreprise, dans la lumière, et qui avait du pouvoir, a maintenant le sentiment d'avoir tout perdu. Il rentre progressivement dans une phase d'acceptation et de résignation. Il a le sentiment d'avoir été trahi par l'entreprise pour laquelle il a tant donné. Il ne comprend pas cette injustice et maugrée sur les valeurs proclamées par l'entreprise. Il repense à son emploi du temps où s'enchaînaient les réunions, quand sa boîte mail était surchargée de demandes, de rapports à lire, de sollicitations de ses collaborateurs et collègues, avec plus de cinquante e-mails par jour, et il regrette maintenant cette effervescence qui le plongeait dans l'action permanente. Certains de ses compagnons d'arme qui sont rentrés avec lui dans l'entreprise craignent aussi de se voir « placardisés » et d'être abandonnés. À la cantine, il déjeune souvent seul par choix, mais aussi parce que ses anciens collègues sont moins disponibles. Ces derniers prennent peu de temps pour lui marquer cette considération qui lui tenait tant à cœur.

UNE PEUR HÉRITÉE DE L'ENFANCE

La petite Constance a 2 ans. Elle est déposée tous les matins à la crèche par son père pendant que sa maman s'occupe de ses frères. Souvent, elle regarde son papa et fond en larmes. Il y a pourtant Christiane, sa nounou préférée, qui la rassure et lui dit que son papa l'aime et que jamais il ne l'abandonnera… mais rien n'y fait, rien ne sèche ses larmes.

Il existe en chacun des situations vécues comme des abandons effectifs : une mère débordée, un père travaillant à l'étranger, un grand-père malade et moins présent pour les rencontres dominicales… Bref, depuis l'enfance se répète ce sentiment plus ou moins marqué d'être laissé sur le côté. Les schémas tactiques mis en place sont nombreux pour surmonter cette peur : attirer l'attention, se faire remarquer… Rien d'anormal si ce n'est que la peur d'être abandonné est aisément réactivée.

> **La peur d'être abandonné est aisément réactivée.**

Certains ont malheureusement connu des situations où cette peur a pris des proportions excessives (abandon réel, enfant non désiré…). Apparaissent alors des fragilités narcissiques fortes qui poussent l'individu à rechercher des nourritures affectives permanentes pour compenser ses blessures d'enfance. C'est dans ce terreau que peuvent se développer des comportements dysfonctionnels : jalousie à outrance envers un autre qui pourrait capter l'attention, incapacité à s'intégrer dans un collectif, acceptation sans broncher d'attitudes irrespectueuses à son encontre pour préserver sa position dans l'équipe… Tout sera fait pour éviter de rejouer le scénario de l'abandon.

La peur provoque le souci principal de la conservation de soi. Elle suscite le sentiment de vulnérabilité ou d'insécurité. Elle entraîne des comportements divers tels la fuite peureuse, l'agression « défensive », l'acquisition de moyens et de pouvoirs dissuasifs ou menaçants, ou encore l'attachement à un protecteur. Ces stratégies comportementales de survie face à la peur de l'abandon procèdent toutes d'un même sentiment de vulnérabilité ou d'insécurité. Elles poursuivent toutes le même but : progresser vers un idéal de sécurité.

Le besoin d'inclusion chez Schutz

William Schutz est un psychologue américain, célèbre pour sa théorie des relations interpersonnelles[1]. Il distingue trois besoins qui amènent les humains à entrer en relation avec les autres : le besoin d'inclusion (ou juste le besoin personnel de contact avec les autres), le besoin de contrôle, et le besoin d'affection. Ces types de besoins existeraient tous les trois chez chacun de nous, mais leur importance relative serait différente d'un individu à l'autre.

Le besoin d'inclusion est celui qui nous pousse à nous associer à un groupe, à chercher à faire partie d'un ensemble de personnes, à être membre reconnu d'une collectivité ; il serait le premier à se manifester et le plus essentiel à une vie saine.

---

1. HOWARD Schutz, *Fundamental interpersonal relations orientation (FIRO): A Three-Dimensional Theory of Interpersonal Behavior*, Rinehart, 1958.

QUE SE PASSE-T-IL QUAND ON EST ABANDONNÉ ?

Jules ne s'entend plus avec son manager. Il en a assez des demandes urgentes, floues, mal structurées. Il sent bien que celui-ci maîtrise peu son domaine et il le qualifie même d'incompétent en public. La situation s'envenime et le manager décide de réduire son périmètre d'action et de confier ses missions phares à un collaborateur en qui il a davantage confiance. Jules se demande s'il a bien fait d'exprimer son mécontentement aussi ouvertement. En attendant, il n'est plus en charge de la grande convention du mois suivant qu'il prépare depuis des semaines avec ses partenaires. Il doit transférer l'historique du projet à son collègue et le mettre en contact avec ses interlocuteurs de longue date.

L'abandon en tant que tel se matérialise par le fait d'être privé d'un projet auquel on tenait, d'être mis dans un bureau à l'écart du groupe, ou par une infinité d'événements qui peuvent être lus comme des signes d'abandon. À tort ou raison, le manager pourra omettre des signes d'attention qui sont quelquefois si importants pour son collaborateur que ce dernier pourrait les interpréter comme des signes d'abandon : un remerciement oublié, un bonjour absent, une maladresse verbale… les occasions sont légion et suffisent à certains pour justifier leur peur d'être abandonné.

La vie nous rappelle que le cadre dont le travail n'intéresse plus personnellement son chef commence à douter de sa valeur et de son propre intérêt. Les conséquences sont nombreuses car toute l'équipe qui lui est rattachée, si elle l'est encore, entre dans le même cheminement psychologique.

Magalie (voir chapitre 1 page 25), après avoir eu peur de perdre son territoire, se voit abandonnée et contrainte à rechercher un autre poste dans le groupe. « Nous vous aiderons », lui dit-on d'un ton suave… Envahie par le sentiment d'être victime des manœuvres mesquines des plus hautes instances, elle sait qu'il ne lui reste que peu de temps pour retrouver un emploi, sinon le couperet tombera et on lui demandera de partir. Abandonnée à son destin, elle devra retrouver au fond d'elle-même les ressources psychologiques nécessaires pour dépasser ce qu'elle ressent comme une profonde trahison.

D'après une étude BVA sur l'engagement, 15 % seulement des salariés affirment être engagés en France, alors que 35 % sont activement désengagés et vont au travail avec l'intention de démotiver leurs collègues. Le mal-être au travail, comme le souligne le chercheur David Graeber de la London School of Economics, ne cesse de croître à mesure que certains jobs inutiles prolifèrent. Avoir la perception d'occuper un poste inutile est le corollaire du sentiment d'abandon au travail.

Le cadre a le sentiment que peu importe ce qu'il fait, peu importe son investissement pour réaliser un travail de qualité, personne n'en a cure. Il est aisé d'imaginer qu'un cadre désabusé qui a été à un moment abandonné dans sa carrière, qui a réussi à rebondir pour redevenir manager, mettra en place toute une série de stratagèmes pernicieux pour ne pas avoir à revivre ce sentiment d'abandon.

La peur d'être abandonné équivaut à ne pas se sentir digne d'être aimé. Cette croyance sous-tend les relations sociales et affectives et amène certaines personnes à assouvir un besoin viscéral et pathologique d'être aimées, ou à chercher le rejet de l'autre afin d'anticiper ce qui pourrait être subi un jour.

Le surinvestissement dans le travail au détriment de la vie privée, l'obéissance pathologique aux directives de la hiérarchie, la rébellion systématique… sont les nombreux comportements dysfonctionnels du manager qui ne maîtrise pas ses peurs les plus primitives, comme celle d'être abandonné. Les comportements qui en découlent sont dramatiques pour son équipe : la fuite devant les responsabilités, l'agression de l'autre, l'attachement à un protecteur dans une relation non mature… Ces réflexes conduisent le manager à entretenir une relation où prédominent les mécanismes de défense et de repli. Il n'y a plus de place pour être à l'écoute de l'autre ; la peur conduit à se préoccuper de sa survie en premier lieu.

Si les mécanismes pour s'en sortir sont complexes et profondément intimes, surmonter sa peur d'être abandonné est le préalable pour tout manager qui veut inspirer, donner confiance et adopter les attitudes d'un leader au service de ses équipes. Il doit être en capacité d'assurer la sécurité et le bien-être de ses collaborateurs, de soutenir et protéger l'équipe face aux injonctions contradictoires de l'environnement.

> 66 Le manager bienveillant sait que sécuriser et rassurer ses collaborateurs […] est un enjeu essentiel à sa fonction.

Par analogie, le manager bienveillant sait que sécuriser et rassurer ses collaborateurs quant à leur peur d'être abandonné est un enjeu essentiel à sa fonction. Le collaborateur doit pouvoir ressentir qu'il est en zone de confort et « protégé ». Il ne s'agit pas simplement de mots convenus qu'un manager aura appris dans une formation, mais davantage d'être là au bon moment pour trouver les mots d'appui, d'avoir le courage de défendre les positions partagées de son équipe… Cette expression du soutien et de l'encouragement ne sera d'ailleurs acceptée que si elle est sincère et authentique.

Savoir que l'on peut compter sur son manager dans l'adversité et ne pas avoir uniquement un soutien de façade et de politesse posent les bases de la confiance réciproque.

Chapitre 3

Le besoin d'être aimé

Valérie est très attachée à son équipe, elle a cultivé un véritable lien avec chacun de ses membres, qu'elle a pour la plupart elle-même recrutés. Elle aime être appréciée par ceux avec qui elle passe la plus grande partie de son temps et avec qui elle partage une grande complicité professionnelle. Pour elle, établir des relations harmonieuses permet de renforcer la cohésion et l'engagement. Ses collaborateurs apprécient son style de management comparativement à celui de managers plus autoritaires.

On ne peut pas plaire à tout le monde : l'émission de télévision faisait ses choux gras d'un excès permanent de provocation pour mettre les invités dans des situations inconfortables. À l'inverse, Valérie apprécie être aimée de tous. Que faut-il en penser dans l'entreprise ? Vouloir que les relations harmonieuses soient la règle pour le fonctionnement d'un collectif devrait être un commandement et un impératif pour tout leader bienveillant. Mais il est illusoire de croire que tous les collaborateurs pourront développer un sentiment d'affection entre eux, et encore plus pernicieux d'attendre pour un manager qu'il soit aimé avant d'être compétent. Et pourtant, comprendre le besoin inné de chacun d'être aimé doit être une préoccupation de celui qui aspire à diriger des hommes et des femmes.

Dans la pyramide de Maslow[1], le besoin d'amour est le troisième besoin que l'être humain cherche à satisfaire

---

1. MASLOW Abraham, « A Theory of Human Motivation », *Psychological Review*, 1943.

après les besoins physiologiques et de sécurité. Être aimé dans l'enfance est un socle pour édifier une personnalité confiante et stable. Être aimé permet d'entretenir une continuité dans notre existence face au risque de « désintégration », face à la dureté du monde. L'amour nous permet de ne pas nous dissocier, de nous maintenir uni. Au-delà d'un besoin physiologique ou organique, c'est un besoin de nature existentielle qui évolue et perdure parce qu'il justifie notre présence.

DÈS LA NAISSANCE

La peur serait la source du besoin d'être aimé selon Boris Cyrulnik[1] : si nous vivions dans un lieu surprotégé, parfaitement structuré, l'attachement aux autres n'aurait aucun sens. Nos peurs permettent de créer ce besoin de sécurité et d'attachement. Ces liens nous sécurisent et nous permettent de développer notre confiance en nous.

À la naissance, le monde nous apparaît brutalement, fait de lumière inconnue et intense. Le bébé était dans un cocon protecteur, dans un lieu feutré et il est projeté soudainement dans un univers froid, où il a faim. Ses pleurs ne tardent pas à venir et appellent au réconfort du sein maternel. Le premier besoin d'amour est là. S'il n'y avait pas cette peur, s'il n'y avait pas ces craintes, il n'y aurait aucune raison de s'attacher.

Être aimé par ses parents en premier lieu

« Comment faire pour que mes parents m'aiment et me reconnaissent ? » Telle est la question que se posent

---

1. CYRULNIK Boris, *De Chair et d'âme*, Odile Jacob, 2006.

intérieurement tous les enfants. Ils vont mettre en place des stratégies comportementales pour que leurs parents les aiment. Selon Marcel Ruffo[1], les frères et sœurs cherchent tous à trouver leur place dans la famille, et adoptent le meilleur positionnement possible pour recevoir de l'amour. Ces mécanismes d'adaptation mis en place très tôt façonnent la manière d'être aimé. Comme le disait la chanson de Jean-Louis Aubert, « on aime comme on a été aimé ».

« Quel enfant courageux », « comme il est sage et travailleur », « il est si doué pour dessiner et ses cahiers sont bien organisés », « elle sait déjà danser alors qu'elle est si petite », « il sera entrepreneur, il n'a pas froid aux yeux »… Ces catégorisations, qui restent ensuite présentes toute la vie, s'inscrivent tôt dans nos comportements et nos habitudes, sans que nous en ayons conscience.

Ce matin, à la crèche, un père est fier d'annoncer aux puéricultrices que son fils est maintenant le grand frère d'un nouveau-né. Malheureusement, si les parents se persuadent que tout ira bien dans le meilleur des mondes, qu'ils donneront de l'amour de manière « équitable » et que les jalousies n'existeront pas, il n'en est rien. Les rivalités quotidiennes et les conflits fraternels permettront à chacun d'édifier sa personnalité et de trouver sa position. Les spécialistes s'accordent à dire que chaque parent aime différemment chacun de ses enfants.

S'aimer soi-même pour aimer les autres

Le mécanisme de projection de ses défauts sur les autres explique en partie la propension excessive de certains à

---

1. RUFFO Marcel, *Frères et sœurs, une maladie d'amour,* Fayard, 2002.

critiquer leurs collègues. Ces critiques résultent aussi d'un manque de sécurité intérieure et d'une image de soi insatisfaisante ; en d'autres termes, avoir réussi à développer un narcissisme « équilibré » est un des paramètres pour parvenir à des relations plus harmonieuses, notamment en entreprise.

Ceux qui sont plus fragiles dans la construction de leur narcissisme seront plus vulnérables. Il est indispensable de s'aimer soi-même pour pouvoir être aimé des autres, de ses frères et de ses sœurs, et pouvoir en retour donner de l'amour, ou du moins porter un regard bienveillant sur son environnement.

> 66 Il est indispensable de s'aimer soi-même pour pouvoir être aimé des autres.

Narcissisme et trouble narcissique

Selon *Le Petit Robert*, « le narcissisme est l'amour excessif porté à l'image de soi ». Pourtant, une part de narcissisme est nécessaire pour être en capacité de manager des équipes, et de se remettre en cause.

Le trouble narcissique résulte d'une insuffisance dans la construction du narcissisme. Cette défaillance, source de doutes et de remises en cause fréquentes sur sa capacité à être aimé, est le corollaire d'un besoin permanent d'être rassuré par le regard des autres. La susceptibilité extrême à la moindre critique, l'excès de demande d'attention et de reconnaissance sont les manifestations des fragilités narcissiques.

Un moteur au travail

Dans le monde de l'entreprise, nous sommes tous à la recherche de cet amour pour répondre à notre besoin d'aimer et d'être aimé. Ignorer cette réalité, c'est d'une part passer à côté du moteur des individus et, d'autre part, oublier l'importance de reconnaître et de valoriser ses collaborateurs.

Le devoir d'un manager est de permettre à chacun de ses collaborateurs de se sentir en confiance dans ses actions, et sécurisé dans ses décisions, car l'estime de soi est indispensable pour mener à bien ses projets face à l'adversité.

Capable de gérer des refus et des frustrations, le manager sait aborder les conflits en se maîtrisant, et rebondir après les échecs. Sensible aux marques d'attention, de gratitude, et aux besoins de reconnaissance de ses collaborateurs, il sait ne pas tomber dans la dépendance affective, ni vouloir créer de la dépendance vis-à-vis de lui, dans un phénomène de courtisanerie. Il n'est pas « dupe » du pouvoir. Il ne recherche pas la toute-puissance.

Le manager bienveillant prend la précaution de ne pas blesser et témoigne de l'attention à ses collaborateurs en passant du temps avec eux. Toutes ces attitudes louables satisfont le besoin d'amour présent en chacun de nous.

Elles agissent comme de puissants facteurs de motivation chez les personnes qui en bénéficient. Car, avant de travailler pour l'entreprise, pour atteindre des objectifs ou rechercher un bonus, les hommes et les femmes travaillent d'abord pour quelqu'un, qui est le plus souvent leur supérieur direct.

Le risque de ne pas dire les choses

Le risque, en essayant d'être bienveillant, est de laisser les choses dans le flou, de ne pas trancher, par peur de blesser. Mais être bienveillant ne se réduit pas à être gentil. Être bienveillant, c'est aussi savoir dire les choses même si elles sont difficiles à entendre et à être acceptées, à la condition de prendre en considération les personnes concernées.

Adrien, nouveau manager, a du mal à gérer les demandes justifiées ou non de ses collaborateurs. Il ne maîtrise pas encore parfaitement ses dossiers, n'a pas encore la légitimité nécessaire sur le poste ; certains collaborateurs ont de plus décidé d'y mettre de la mauvaise volonté. Sébastien, qui se voyait bien à ce poste, a tout fait pour mettre des bâtons dans les roues d'Adrien depuis son arrivée : imprécisions dans les informations transmises, manipulation de la réalité, malhonnêteté intellectuelle… Adrien n'y a vu que du feu. D'autres ont même opté pour des stratégies d'opposition plus frontales, en refusant de participer aux réunions d'équipe, réfugiés dans leur Smartphone ou leurs e-mails. Adrien, au lieu de mettre les points sur les « i » et de faire preuve de fermeté vis-à-vis de ces comportements limites, voire irrespectueux, s'est enfermé dans les postures du gentil garçon, sérieux et travailleur. À sa décharge, ce type de comportements lui a toujours valu d'être promu. Au lieu de prendre des décisions avec conviction, il a pensé qu'être de bonne composition suffirait pour être apprécié. C'est l'effet inverse qui s'est produit et a renforcé l'idée que sa gentillesse masquait un manque de fermeté et le rendait inapproprié pour manager l'équipe.

Le besoin d'être aimé d'un manager peut quelquefois conduire à ne pas trancher, à éviter de réguler, à laisser les territoires d'actions flous pour ses collaborateurs. Trop vouloir plaire à chacun et être dans le compromis par peur du conflit amène ainsi au laisser-faire. Les conséquences en sont la plupart du temps désastreuses pour toute l'équipe, et finalement, pour le manager lui-même.

Vouloir être trop aimé, c'est aussi « mal aimer », comme le père cherchant à plaire à son enfant, le dernier de la fratrie, et qui lui laisse tout passer. Au lieu d'être ferme face à ses pleurs attendrissants, il craint de perdre le regard émerveillé qu'il reçoit chaque jour. Mais en se faisant manipuler par son enfant, il ne lui permet pas de comprendre des limites qui s'imposeront plus tard dans sa vie d'adulte, et qui lui permettent aujourd'hui de se construire.

Bien aimer, aimer avec Bienveillance ne revient pas à dire oui à tout. Au contraire, au cœur de la Bienveillance, on trouve la fermeté, l'attachement fort à des principes qui donnent des repères. De la même manière, le manager doit incarner un lien, un point de repère avec l'organisation. Dans les relations hiérarchiques se rejouent les mécanismes d'enfance vis-à-vis des parents. Le manager devra accepter de prendre des décisions qui ne seront *a priori* pas populaires. Mais en y regardant de plus près, ces décisions, parce qu'elles sont cohérentes avec sa vision et ses principes, ne diminueront pas sa capacité à être aimé de ses collaborateurs si elles sont mises en œuvre dans la Bienveillance. À vouloir être trop aimé, on aime mal et on est sans doute moins aimé…

> **" Aimer avec Bienveillance ne revient pas à dire oui à tout.**

Vouloir réparer les individus contre leur gré

Mal aimer, c'est aussi croire de manière illusoire que l'on peut forcer un collaborateur à changer contre son gré. Rien ne peut arriver sans que ce dernier adhère profondément au changement qui lui est proposé. Si cela peut paraître évident, on observe tous les jours dans les entreprises, des managers qui, pétris de bonne conscience, essaient de « réparer » leurs collaborateurs qu'ils ont quelquefois eux-mêmes mis en position d'échec. Mais il n'est pas possible d'améliorer la performance des collaborateurs comme on « répare » une machine défectueuse : c'est oublier, d'une part, le libre arbitre de chacun, et d'autre part, la propension des gens à revivre des schémas de relations passées. Ces jeux sont contre-productifs aussi bien dans le monde professionnel que dans la sphère personnelle, et propulsent les acteurs dans des interactions dysfonctionnelles ayant des origines infantiles.

S'adapter à chacun

Le manager, s'il doit s'affranchir de l'obsession d'être aimé pour lui-même, doit par conséquent rassurer et manifester concrètement son soutien et son appui.

La forme que prendra ce type de « réassurance » émotionnelle face au besoin de chacun d'être aimé est multiple et varie en fonction des collaborateurs : un manager fait rarement l'unanimité quand il s'agit de qualifier ses comportements : « il est trop direct dans sa manière de dire les choses » pour certains, mais pour les autres, « il prend trop de gants ». Certains ont le sentiment d'être aimés s'ils sont écoutés, d'autres le sont si leur travail est mis en valeur. Tous les cas de figure existent : certains collaborateurs préfèrent avoir des indications très précises sur la mission et la manière de la réaliser alors que d'autres préféreront une grande marge de manœuvre. Tout dépend du degré de maturité professionnelle, des compétences et de la personnalité de chacun.

En étant pleinement conscient du besoin de ses collaborateurs d'être aimés au quotidien et de son propre besoin
d'être aimé également, le manager élaborera au cas par
cas des actions bienveillantes pour rassurer, soutenir et
sécuriser.

Chapitre 4

Le désir d'être reconnu comme unique

Nathan, le directeur commercial régional, est un cadre très engagé. Il travaille sans relâche depuis des années et maîtrise son travail sur le bout des doigts. Il veut faire partie des « top dirigeants » de l'entreprise, voire être membre de son comité exécutif. Son ambition affichée ne lui vaut pas que des amitiés. Il est travailleur mais a acquis la triste réputation d'être un « tueur ». Cette exigence sans limite vis-à-vis de lui-même, il la reporte sur ses collaborateurs. Ceux-ci doivent tout donner à la mission qui leur est confiée. Nathan se tue à la tâche et a du mal à penser que tout le monde n'en fait pas autant que lui. Ses collaborateurs craignent de ne pas maîtriser leurs dossiers au regard de son degré d'exigence et face à ses réactions quelquefois exagérées. L'investissement est si fort que tout détail qui ne convient pas entraîne des réactions aux proportions excessives. Nathan n'a pas de limites horaires et estime que ses collaborateurs doivent être joignables à tout moment. L'obsession du jeune cadre est d'exister, d'être reconnu de tous, de se distinguer et d'être le premier dans les résultats de son territoire. Il lui est insupportable d'être classé deuxième. Il croit au combat et à l'action. Si, en poussant les équipes à tout donner, il obtient d'excellents résultats commerciaux, elles sont souvent épuisées. Il sait alors faire baisser la pression pour leur permettre de reprendre des forces. Mais certains comprennent que leur investissement ne sera jamais suffisant et que leur patron est insatiable d'exploits et de dépassements. Ils ont le sentiment d'être des outils de son ascension. Certains, désillusionnés, quittent le navire.

Louis était le petit garçon adoré par son papa et sa maman, quand Paul, son frère cadet, est né. Il a dû partager ses parents à sa grande tristesse. Les deux frères, rivaux dans leur demande d'amour vis-à-vis de leurs parents, ont progressivement mis en place des stratégies comportementales pour attirer leur attention. Il leur a fallu devenir uniques dans leurs activités et se positionner, trouver chacun leur place. Depuis l'enfance, avec le corollaire du besoin d'être aimé, les besoins de reconnaissance et d'être reconnu comme unique sont une des sources de la volonté de se dépasser et de se réaliser. Les stages de développement promettent à chacun de se retrouver et de trouver leur voie pour réaliser ce qu'ils ont d'unique. C'est un besoin et un désir fondamental : réaliser son destin, trouver une place pour exister et être reconnu de soi, de ses proches ou d'un plus grand nombre.

L'IMPORTANCE DE LA SINGULARITÉ

Les recherches de John Turner[1] montrent que l'évaluation positive de soi s'établit selon deux modalités distinctes : la première par identification avec le groupe, et la seconde par l'établissement de différences entre soi et les autres permettant de définir son identité.

Selon sa théorie de « l'auto-catégorisation », en se catégorisant comme membre d'un groupe, le sujet se voit comme un exemplaire du groupe, plutôt que comme un être unique. Au contraire, si le sujet se définit par son

---

1. TURNER John C., HOGG Michael A., OAKES Penelope J., REICHER Stephen D., WETHERELL Margaret S., *Rediscovering the social group: A self-categorization theory*, Basil Blackwell, 1987.

individualité, il cherche à se distinguer du groupe en affirmant son identité personnelle.

Federer ou Nadal, dans leur biographie, nous disent que leur objectif principal est de marquer leur temps et de marquer leur sport. Ces deux mythes vivants, avec Djokovic, n'ont eu de cesse, pendant la dernière et plus brillante décennie du tennis, de se battre entre eux pour devenir le plus grand joueur de l'histoire, par leurs records et leur nombre de victoires. Adulés dans leur pays, vénérés par leurs fans, certains se seraient satisfaits de moins, et auraient pris le parti de cesser leur activité de joueur professionnel plutôt que de continuer à sillonner la planète. Si le plaisir de jouer est certain, le plaisir de la compétition explique en grande partie leur ardeur à s'entraîner et à revenir sur les cours après de nombreuses blessures : c'est avant tout pour gagner un tournoi supplémentaire du Grand Chelem, pour marquer d'une pierre blanche leur parcours déjà hors normes : en un mot, c'est pour être unique qu'ils continuent de se surpasser.

Le besoin de se distinguer, d'être reconnu comme unique, est un fabuleux outil de motivation pour un manager attentif aux besoins de ses collaborateurs. Chacun a besoin d'être reconnu dans sa singularité, de pouvoir exprimer son talent, et ce à quoi il peut contribuer. Un grand professeur de sciences humaines avait pour habitude de dire : « Allez travailler là où vous pouvez faire la différence. » Ce qu'il voulait dire, c'est que chacun d'entre nous est prêt à se donner entièrement là où il a le

> **Le besoin de se distinguer, d'être reconnu comme unique, est un fabuleux outil de motivation pour un manager.**

sentiment de pouvoir contribuer en exprimant sa spécificité. Pour un manager, cela signifie qu'il doit prendre le temps de considérer chacun des individus dans leur singularité, dans ce qui fait que chaque individu est unique et peut contribuer de manière différenciée par rapport aux autres. Nombre de managers ont tendance à considérer un individu au regard de sa fonction, de son âge, de ses origines sociales en l'enfermant dans des catégories sociales prédéterminées. Or, chacun a besoin de se sentir différent et unique. Les gains pour un manager à rechercher en permanence la valorisation des qualités uniques d'un individu sont inestimables. Cela nécessite des attentions multiples pour reconnaître ce qui a été fait de différent, de remarquer les spécificités des contributions individuelles et les souligner. Cela signifie prendre le temps d'avoir un comportement managérial personnalisé et adapté. Aussi triviales que puissent sembler ces remarques, celles-ci sont rarement appliquées car le manager est pris dans l'urgence du quotidien et choisit souvent la voie la plus facile.

ATTENTION À L'EXCÈS DE SINGULARITÉ

Mais quand le besoin d'être unique est trop fort, il entraîne des conséquences néfastes.

Ainsi, le besoin de singularité peut conduire à des ambitions mégalomaniaques de la part de certains dirigeants qui finissent par perdre le contact avec les réalités. Chez d'autres, le désir sans limite d'être reconnu aboutit à une dérive schizophrénique. L'affaire Kerviel, dérive d'un individu ou d'un système, est l'illustration de l'obsession de réussir et d'être reconnu par ses pairs comme un trader de première classe. Il ira jusqu'à trafiquer le système, à mentir, à tromper son entourage, pour être reconnu comme le meilleur et susciter l'admiration pour ses prouesses sur les marchés financiers.

Certains systèmes de classement encouragent les comportements individualistes et exacerbent la compétition. Par exemple, dans certaines entreprises, les commerciaux sont classés chaque mois, selon qu'ils ont ou non atteint leurs objectifs : ceux qui apparaissent en vert en haut du classement sont les meilleurs, tandis que les « rouges » en bas du tableau n'ont pas eu de bons résultats. On imagine alors aisément les dérives potentielles de ce type de hiérarchisation, qui, si elles sont faites dans le but de stimuler le dépassement de soi, font courir le risque à certains managers de ne juger la valeur de leurs collaborateurs qu'à l'aune de ces classements. La compétition n'est pas mauvaise en soi puisqu'elle favorise parfois une saine émulation, mais le risque est de stigmatiser les personnes et de les enfermer dans des cases.

Si le désir d'être unique est trop fort, il conduit à des comportements déviants comme le mépris des collaborateurs, l'exacerbation des stratégies individuelles et l'affaiblissement de l'esprit d'équipe.

Les risques de la recherche permanente d'excellence pour le manager

La course à la réussite peut concourir à la création d'un stress permanent et d'une obsession de la performance. Dans une société qui valorise le succès et rejette l'échec, il s'agit de gagner. Nicole Aubert et Vincent de Gaulejac[1], dans leur ouvrage sur le coût de l'excellence, posent un regard critique

---

1. AUBERT Nicole, DE GAULEJAC Vincent, *Le coût de l'excellence*, Seuil, 2007.

sur cette quête. « Performer » devient une fin en soi qui peut emprisonner la personne dans ses passions narcissiques liées au mythe de la réussite, à l'obligation d'être parfait de manière continue. Des pathologies se développent : angoisses, frustrations, fatigue et déprime résultent du décalage entre l'investissement personnel et le déficit de reconnaissance extérieure. Certains refusent d'admettre leurs limites et tombent dans la spirale infernale du « toujours plus ». Le risque est qu'un jour, leur moi idéal et fantasmé s'effondre sur leur moi réel, et les conduise à la dépression.

D'un point de vue managérial, la confusion entre performance, investissement dans le travail et contrôle conditionne certaines postures. Ainsi, l'obsession névrotique du travail peut quelquefois renforcer la tendance du manager à orienter son énergie davantage sur les tâches à réaliser et le contrôle tatillon des collaborateurs, plutôt que de donner à ces derniers le sens de la mission, les conseiller dans leur manière de faire et les soutenir quand ils sont à la peine.

De même, l'obsession de l'excellence peut conduire à traiter les collaborateurs comme de simples objets et à établir avec eux des rapports dépourvus de toute charge émotionnelle.

Étienne se préoccupe peu de ses collaborateurs, leur donne du stress et met sur eux la pression. En retour, ceux-ci lui manifestent peu de reconnaissance puisque tout est fait pour son prestige personnel. Aucun de ses collaborateurs n'est dupe. Même si son intensité théâtrale avec un aspect dramatique lui confère une dimension charismatique et qu'il exerce une certaine forme de magnétisme, il est perçu comme un manipulateur seulement préoccupé de lui-même et d'être le premier.

LA LIGNE DE CRÊTE DU MANAGEMENT BIENVEILLANT

Le premier devoir du manager est d'être conscient de ce besoin d'exister qui est présent en chacun de nous et de comprendre en même temps que l'excès de soi ne va pas dans le sens de la réussite d'une équipe. Le deuxième devoir est de reconnaître l'autre en ce qu'il a d'unique. Cela prend du temps. Au-delà de la reconnaissance et de la valorisation, il s'agit d'aller plus loin et de discerner ce qui fait qu'un collaborateur est singulier.

Prendre le temps

La première fondation du bon management consiste au quotidien à prendre du temps avec chacun de ses collaborateurs. Le manager qui ne prend pas le soin de sacraliser les entretiens avec ses collaborateurs, et qui déplace ou annule fréquemment les réunions prévues en tête-à-tête avec eux, ne pose pas les fondations d'une relation de confort et de sécurité. Cela passe par allouer très simplement un créneau inamovible sauf contrainte majeure pour échanger librement.

Reconnaître la singularité de chacun

La deuxième fondation consiste à mettre ses collaborateurs en situation de prouver leur singularité. Il s'agit par exemple d'allouer des missions qui leur permettent de donner le meilleur d'eux-mêmes, de se réaliser, et de manifester ainsi leurs aptitudes et qualités spécifiques. Idéalement, il faudrait leur permettre de vivre ce

> « Il s'agit pour le manager de mettre ses collaborateurs en situation de prouver leur singularité.

que Mihaly Csikszentmihalyi[1], un des chercheurs fondateurs de la psychologie positive, appelle des « expériences optimales ». Ce sont des états de concentration ou d'absorption complète dans une activité où l'individu peut éprouver une grande impression de compétence et de liberté. Cet état fait disparaître la notion de temps. Il intensifie fortement le sentiment de compétence. Ces moments surviennent quand le corps ou l'esprit sont utilisés pleinement dans un effort volontaire en vue de réaliser quelque chose de difficile et d'important.

Il est illusoire de penser que tout ce que nous faisons dans le monde de l'entreprise amène à cet état de mobilisation entière de ses compétences, et encore plus illusoire de vouloir qu'un manager puisse chercher en permanence cet état pour ses collaborateurs. Cependant, il est essentiel de définir avec attention les objectifs à atteindre pour chaque collaborateur, en prenant soin de les adapter et d'en valoriser la singularité. Plus le manager s'attachera à la clarté des missions et des organisations et au soutien de ses collaborateurs dans l'accomplissement de leurs missions, plus il fera avancer son équipe tout entière sur la voie royale, et somme toute paisible, du dépassement de soi.

---

1. CSIKSZENTMIHALYI Mihaly, *Vivre : la psychologie du bonheur*, Robert Laffont, 2004.

Chapitre 5

Pourquoi irais-je travailler ?
Le désir de sens

Édouard travaille de manière pleinement engagée depuis qu'il a été rattaché à Henri. Auparavant, le poste qu'il occupait avait un périmètre de responsabilité beaucoup plus important, mais il était beaucoup moins engagé. À vrai dire, il n'arrivait pas à établir une relation fructueuse avec son responsable hiérarchique. Malgré des tentatives pour améliorer leurs échanges, il avait le sentiment que son patron précédent ne lui apportait pas grand-chose, qu'il ne l'aidait pas à grandir et à donner du sens à son travail. Avec Henri, c'est différent : il tient bon dans la tempête, il le soutient, il le guide et absorbe ses craintes, et il l'encourage à prendre les décisions dans une relation de protection sans l'infantiliser. Édouard se sent en confiance, et a la parole plus libre. Il a le sentiment d'avoir droit à l'erreur et est poussé à expérimenter. Il sait qu'Henri, une fois son aval donné, sera solidaire et assumera la réussite comme l'échec de l'action engagée. Henri est ferme et exigeant mais sait également se montrer chaleureux. Les règles sont claires et établies depuis le début de leur collaboration. Il sait montrer à Édouard son chemin de développement et de progrès. Édouard a le sentiment d'être utile et de contribuer à la réussite de son équipe et des projets qu'elle porte.

En discutant à la machine à café, il n'est pas rare d'entendre un collègue se plaindre de son chef : « Il est gentil mais il ne m'apporte rien. Avec lui, je n'apprends rien. J'ai envie d'évoluer, d'être au moins promu. » Quelle part de vérité attacher à ce jugement en incompétence, par nature subjectif ? La réalité est sans doute complexe mais la fréquence de ce genre de phrases nous rappelle que l'idéal que nous demandons à notre patron est d'être un leader qui fait grandir, qui inspire, qui protège… bref, un leader que nous admirons et que nous pouvons aimer. Au-delà de cette plainte gratuite ou justifiée, c'est souvent le manque de sens dans son travail qui est une source de grande insatisfaction, voire de stress et de mal-être.

Un contexte anxiogène

La tertiarisation de l'économie fait la part belle aux activités cérébrales et relationnelles. La révolution numérique amène un contexte incertain et volatil. Chacun d'entre nous est amené à questionner le sens de son travail : « Que vais-je faire et pourquoi vais-je le faire ? » On nous raconte tous les jours que les modèles économiques d'antan sont finis : place au big data, à l'Internet des objets connectés, à l'avènement de l'intelligence artificielle. Bref, tout est en révolution. Selon le rapport Oxford de Carl Benedikt Frey et Michael A. Osborne[1] (septembre 2013), 47 % des emplois seraient automatisables à horizon de 2020 : du métier de serveur dans un bar jusqu'à l'employé de banque. Que des métiers disparaissent et d'autres apparaissent avec les nouvelles vagues technologiques n'a rien de surprenant mais il semblerait que des millions d'emplois pourraient être supprimés.

Dans la société de la défiance que décrivent Yann Algan et Pierre Cahuc[2], les liens sociaux en France se délitent

---

1. Frey Carl Benedikt, Osborne Michael A., *The future of employment: how susceptible are jobs to computerisation?*, University of Oxford, september 17, 2013.
2. Algan Yann, Cahuc Pierre, Zylberberg André, *La fabrique de la défiance*, Albin Michel, 2012.

également au travail. La tentation du repli personnel et de la protection sur son territoire par peur de perdre son emploi renforce les comportements cyniques.

UNE DEMANDE DE SENS DE PLUS EN PLUS FORTE

La première préoccupation des jeunes de 15 à 25 ans est l'accès au réseau wifi. En permanence connectées, les nouvelles générations qui ont grandi dans une société de l'incertitude, dans une économie financiarisée, n'attendent plus de sens venu du collectif mais se définissent par leur individualité, par les personnes qu'elles rencontrent et les expériences qu'elles réalisent. Leur vie est fragmentée entre différentes séquences qui sont parfois vécues de manière simultanée.

Corollaire de cette volonté d'expérimenter, de rencontrer, de vivre mille existences en une seule, la demande de sens de leur part est très forte car ils réalisent que les mille possibles que leur permettent les nouvelles technologies, en réel ou par procuration, ne constituent pas pour autant une ligne de conduite directrice dans leur existence.

Le succès du film *Demain* (2015) sur la recherche d'initiatives autour de la planète pour sauver l'humanité menacée par l'effondrement des écosystèmes s'explique par cette nécessité de faire sens dans sa vie, et d'occuper ses journées de manière utile.

Les sondages montrent que les Millenials ne veulent plus de la vie de leurs parents qu'ils ont vu se sacrifier à la tâche pour des entreprises qui ont pu les licencier après

> " Les Millenials ne veulent plus de la vie de leurs parents qu'ils ont vu se sacrifier à la tâche.

des années de labeur. Ils veulent du plaisir, vivre mille expériences différentes et avoir un impact sur ce monde anxiogène où plus rien n'est sûr.

Ils ont vu que l'absence de sens ramène à la vacuité d'une existence où l'individu ne veut plus se satisfaire de la recherche de pouvoir ou d'argent qui, en fin de compte, amène au néant. Ils ont observé que les personnes qui ont couru désespérément après ces fausses idoles sombrent souvent dans une forme de dépression.

Alors se posent pour eux les questions du sens du quotidien, du sens du travail : puis-je réussir ma vie sans tenir compte de la profession que je fais ? Puis-je réussir ma vie professionnelle sans délaisser ma vie privée ?

Combien de managers réalisent être passés à côté de leur famille, de leurs amis, et en fin de compte, à côté d'eux-mêmes pour avoir tout misé sur le travail, la carrière et la réussite professionnelle ?

UNE DEMANDE DE SENS DE LA VIE

« Comment vas-tu arriver là-bas, si tu ne sais pas où tu vas ? » Viktor Frankl, psychiatre de l'école de Vienne, fut enfermé trois ans dans les camps de concentration pendant la seconde guerre mondiale ; il estime que le bien-être repose sur le besoin de donner sens à son existence. En l'absence d'un sens donné à ses actions, l'individu ne réussit pas à se motiver, ne libère pas entièrement ses énergies et s'enferme dans une spirale dépressive. L'une des principales causes de névrose est la perte de sens.

Trouver un sens à sa vie permet d'aller au-delà des vicissitudes de la vie, d'accepter nos contingences et de se dépasser. Si nous sommes réduits à réaliser des tâches sans avoir conscience de ce que nous apportons vraiment, nous perdons de vue l'essentiel et le travail perd progressivement toute sa saveur. De nombreuses études tendent à démontrer que les agressions psychologiques liées au monde du travail ne sont pas vécues de la même manière par les salariés qui donnent sens à leur vie et à leur activité professionnelle.

Charles Pépin, dans son ouvrage sur les vertus de l'échec[1], nous raconte l'histoire d'André Agassi qui, après avoir sombré dans l'alcool, a retrouvé sa place de numéro 1 mondial en donnant un sens à ses journées passées sur les courts de tennis : faire de sa notoriété un moyen de créer une fondation humanitaire.

Viktor Frankl

Psychiatre et philosophe autrichien, né en 1905 et mort en 1997, Viktor Frankl[2] est à l'origine de la logothérapie : une thérapie selon laquelle, pour venir en aide à des patients névrosés et déprimés, l'homme doit rechercher le sens profond de son existence. Le *logos* est un vrai moteur qui donne goût à la vie. Déporté dans un camp de la mort avec sa famille en 1942 parce qu'il est juif, le désir de revoir les siens et de poursuivre ses travaux lui permet de tenir le coup, en vérifiant que ce qui sauve est l'espoir et le sens. Il constate dans les camps que les personnes les plus résistantes sont celles qui ont réussi à développer une vie intérieure propice à garder l'espoir et à questionner le sens des événements et l'absurdité dans laquelle ils se trouvaient. Dans les conditions inhumaines des camps de concentration, il a exploré sa « théorie du sens de la vie ». Il y a, chez l'être humain, une

---

1. Pépin Charles, *Les vertus de l'échec*, Allary Éditions, 2016.
2. Frankl Viktor, *Découvrir un sens à sa vie*, Éditions de L'Homme, 2013.

> volonté de sens. Au-delà des frustrations et des complexes, le vide existentiel de ses patients explique en grande partie leurs névroses. La quête spirituelle est au cœur de la démarche de Frankl.

La capacité à faire un travail est d'autant plus grande que j'en comprends les raisons, que j'en comprends le sens. Cela veut dire, dans l'entreprise, que les collaborateurs doivent comprendre clairement quelle est la vision des dirigeants, comment elle se démultiplie à tous les niveaux et comment la mission de chacun prend place dans cette architecture. La question du « pourquoi » est à la base du leadership.

> 66 La question du « pourquoi » est à la base du leadership.

L'auteur Simon Sinek est devenu un vendeur de best-sellers en 2009 avec *Commencer par le pourquoi : comment les grands leaders inspirent à être dans l'action*[1] (*Start with why: how great leaders inspire everyone to take action*). Son ouvrage nous dit que les individus suivent des leaders, achètent les produits d'une entreprise parce qu'ils y trouvent du sens. En d'autres termes, l'impératif est de communiquer sur le pourquoi ou sur le sens de nos actions. On est toujours plus tolérants et compréhensifs si on comprend le sens des choses, aussi absurdes qu'elles puissent nous paraître. Nous sommes tous des êtres rationnels doués d'une intelligence logique. C'est elle qui nous fait agir.

Le besoin de sens est universel et intemporel. Dans notre vie quotidienne, nous l'observons tous les jours : par exemple, si nous prenons le temps d'expliquer à nos

---

1. SINEK Simon, *Commencer par le pourquoi*, Performance, 2014.

enfants le sens et la raison de participer aux tâches du foyer, on observe un engagement bien plus important que lorsque l'on donne des directives sans explication. Et pourtant, dans la vie professionnelle, aussi évidente que paraisse la nécessité du sens de l'action, peu de managers prennent le temps de l'expliquer à chacun de leurs collaborateurs.

Ce que l'on entend par « donner le sens »

Tout le monde s'accorde à penser et sait intuitivement que chacun d'entre nous a besoin d'avoir une compréhension des raisons pour lesquelles il fait les choses. Il n'en reste pas moins que « donner le sens » ne va pas de soi.

Francis, jeune manager débutant, prend ses fonctions dans une agence bancaire. Comme prescrit par sa hiérarchie, il fait tous les matins bonne figure, décline mécaniquement le « sens » de ce que ses collaborateurs doivent faire. Mais à force de réciter sans comprendre lui-même les raisons du changement qu'il doit mettre en place, son discours devient désincarné et abscons pour ses collaborateurs. Ces derniers se démobilisent petit à petit et les résultats de l'agence s'effondrent.

Howard Schultz, patron de Starbucks, mobilise ses employés pour aider à reconstruire la Nouvelle-Orléans dévastée par l'ouragan Katrina en 2005. Il redonne ainsi symboliquement sens à l'implication de milliers de salariés en les mobilisant pour que l'entreprise s'engage dans une cause qui dépasse la simple vente de café et fait appel à la générosité de chacun. Ainsi, dix mille employés sont venus reconstruire des quartiers ravagés par l'ouragan. L'émotion générée par cette action a redonné une signification à leur engagement dans l'entreprise. Schultz fait partie des leaders qui ont compris la dimension symbolique de leur rôle.

Enfin, si l'une des missions d'un patron est de consacrer une grande partie de son énergie à convaincre, à faire de la pédagogie et à répéter le sens de l'action et du changement, il en est de même à tous les niveaux de l'entreprise. Tout manager a pour mission de faire de la pédagogie permanente : répéter et répéter encore le sens et le pourquoi de l'action.

L'UTILITÉ

Dans la fameuse expérience à l'usine Hawthorne en 1923 (voir encadré ci-dessous), on observe l'augmentation de la productivité de 30 % des ouvrières sous l'effet de l'éclairage. Mais l'analyse montre que ce résultat provient moins des effets d'une mesure technique d'amélioration des conditions de travail que de l'importance de l'attention donnée, et ainsi la manifestation aux ouvrières de leur utilité, conduisant à davantage d'engagement et de productivité de leur part.

L'expérience Hawthorne

« Le mouvement des relations humaines, dont l'origine remonte aux travaux de E. Mayo, prit un essor considérable vers la fin des années 1940. Mayo et ses collègues avaient été conviés à entreprendre une recherche sur les effets de différents facteurs physiques : éclairage, chaleur, disposition des locaux, etc., sur la productivité des travailleurs de l'usine d'Hawthorne de la société Western Electric. Ils s'aperçurent que les conditions physiques n'avaient pas une importance prédominante, et qu'au contraire, le facteur humain exerçait l'effet prépondérant sur la productivité.

En effet, deux groupes de travailleurs dont l'un était exposé à des variations d'intensité lumineuse et l'autre, le groupe de contrôle, à un éclairage d'intensité constante révélèrent des taux de productivité différents. Toutefois, la différence entre groupes ne pouvait être imputée aux conditions physiques, mais bien à un autre facteur. Le groupe d'expérience, par exemple, accrut sa productivité au fur et à mesure de l'accroissement de l'intensité lumineuse mais, chose plus étrange, continua à l'accroître quand bien même l'intensité décrut jusqu'à la pénombre. Des expériences similaires furent entreprises en prenant la durée du travail comme variable. Là encore, des résultats conformes aux précédents furent obtenus. L'ensemble de ces constatations contre-intuitives et opposées à ce que l'approche classique aurait pu laisser supposer laissa penser que les attitudes des travailleurs vis-à-vis du changement auquel ils étaient soumis avaient plus d'importance que les conditions objectives de ce dernier. La perception et l'interprétation du changement par le travailleur soumis à un conditionnement social et à des normes informelles du groupe de travail semblent ainsi influencer son comportement plus que tout autre facteur. »

Extrait de Raymond-Alain Thiétart, *Le management*,
PUF, 1980, pages 14-15.

Plus encore qu'avoir le sens, chacun doit avoir le sens de son utilité, de son rôle. Corollaire du besoin de sens, le besoin de se sentir utile explique le dépérissement des victimes du phénomène « placard ». On pourrait à tort penser qu'être mis au placard pourrait laisser le temps à ceux qui y sont de s'occuper à d'autres tâches plus personnelles. Il n'en est rien. Cela les amène le plus souvent à une crise psychologique. Le sentiment d'inutilité provoque la mésestime de soi qui entraîne l'apparition de phénomène d'anxiété, de stress et de dépression. Et pourtant, David Graeber de la London School of Economics, ne cesse de déplorer la prolifération des jobs inutiles ; dans un article dont le titre peut être traduit par « Les métiers à la con »[1], il explique l'absurdité et la perte de sens de certaines fonctions.

> « Des millions de personnes passent leur temps à réaliser des tâches qu'elles savent sans réelle utilité.

Des millions de personnes passent leur temps à réaliser des tâches qu'elles savent sans réelle utilité. La raison en est l'excessive bureaucratisation des méthodes de travail dans la culture moderne.

La question de Graeber est d'actualité avec le « syndrome de la chambre d'hôtes » qui décrit le cas de nombreux cadres : à force de ne plus percevoir ni l'authenticité de leurs relations avec leurs collègues, ni l'utilité de leur fonction, ils décident de tout quitter pour ouvrir une chambre d'hôtes. Après le *bullshit job* de Graeber, le néologisme *bore-out* décrit l'ennui lié à l'absence d'utilité au travail : « On fait de bonnes études avec l'impression qu'on a plein de choses à dire au monde, et on arrive sur le marché du travail dans de grandes sociétés où on est juste un tout petit maillon de la chaîne, avec notre badge, notre petit bureau en *open space* dans la tour immense, et la machine à café comme seul horizon. On se sent un peu arnaqués[2]. »

---

1. GRAEBER David, « On the Phenomenom of bullshit jobs », *Strike Magazine*, 2013.
2. DE FOUCHER Lorraine, *Le monde*, article du 22 avril 2016.

Or, ne nous y trompons pas : donner des tâches à quelqu'un pour l'occuper est une mauvaise solution. Personne n'est dupe. Ni celui qui exécute la tâche, ni le manager, car il aura d'autant plus de mal à expliquer en quoi cette tâche est utile. On met de l'ardeur, de l'implication et de l'engagement dans un travail si on comprend l'utilité de celui-ci.

Vous est-il jamais arrivé de ne pas comprendre le sens de ce que vous faisiez ? C'est ce qui arrive quand les tâches sont trop fragmentées, ou quand on réduit la sphère d'autonomie et de responsabilité des collaborateurs. Ceux-ci perdent peu à peu leur motivation et réduisent leur engagement car ils ne perçoivent plus l'intérêt réel de leur travail. Au mieux, ils exécuteront leur tâche pour faire plaisir à leur manager, au pire en se fichant complètement de la qualité de leur travail.

Dans le même esprit, vous est-il jamais arrivé de ne pas vous sentir utile et de ne rien apporter ? C'est ce qui arrive quand votre patron vous donne une mission qui n'a pas de substance. Ce sentiment d'inutilité renvoie au sentiment d'incompétence et à l'idée de ne pas mériter de faire partie d'une équipe où chacun a sa place. Ce type de situation vide les hommes et les femmes de leur créativité et les prive de toute joie au travail. Ainsi, de nombreux managers managent « à la sonnette », en infantilisant leurs collaborateurs, et en gérant leurs tâches au coup par coup.

Paradoxalement, même si la charge de travail est faible parce que le job n'a pas de substance, les personnes concernées se sentent rapidement épuisées.

À l'inverse, les personnes auxquelles leurs managers confient des responsabilités clairement définies et parfaitement expliquées sont habitées par une motivation positive qui est source d'apaisement et de joie profonde.

> **PR Maurice Thévenet, professeur à Essec Business School, auteur de *Le plaisir de travailler* (Éditions d'Organisation, 2000), et *Le nombre et le pouvoir* (Nouvelle Cité, 2016)**
>
> **Quel est le rapport entre l'engagement, le plaisir de travailler et la Bienveillance en entreprise ?**
>
> Engagement, Bienveillance et plaisir de travailler : voici trois mots ou expressions qui fleurissent dans la langue managériale du moment. Ils sonnent parfois comme des injonctions, des impératifs, des rêves aussi parfois. Rien ne les relie forcément mais la poésie n'est-elle pas l'art des relations sémantiques improbables ? C'est peut-être son seul lien avec la théorie, surtout quand elle concerne le management. Bien évidemment, les relations peuvent se trouver mais, comme toujours dans le domaine des sciences humaines, les mots sont clairs pour tous, tout en revêtant un sens différent pour chacun.
>
> Le plaisir de travailler est évidemment un symptôme, pas unique, de l'engagement ; il est souvent associé au souvenir de périodes de fort engagement dans son travail. Quant à la Bienveillance, elle peut traduire une certaine qualité des relations humaines, faite de respect mutuel et de réciprocité, qui font partie des conditions nécessaires de l'engagement.
>
> Mais les trois expressions ont aussi un point commun. En aucun cas, elles ne peuvent être abordées comme des objets que l'action managériale pourrait imposer, manipuler ou créer à sa guise. Générer de l'engagement ? Si la recette existait, elle aurait été mise en œuvre depuis longtemps. Procurer du plaisir au travail ? On n'y arrive déjà pas toujours chez soi… Quant à la Bienveillance, les relations avec nos proches prouvent chaque jour qu'elle est difficile, exigeante, et qu'elle ne se satisfait pas de bons sentiments.

Ces trois notions ont donc en commun d'inviter à la modestie, de ne jamais aborder les aspects humains du management de manière mécaniste ou idéaliste. Mieux encore, l'engagement, le plaisir de travailler et la Bienveillance ont en commun de pouvoir se découvrir et s'apprendre, et c'est une exigence personnelle aussi de chercher ou de travailler à l'un ou l'autre. L'exigence s'adresse aussi bien aux organisations, aux managers qu'à chacun d'entre nous.

Partie II

À l'opposé de la Bienveillance, le pouvoir de l'ego

Que de leaders et de managers tyranniques génèrent de la souffrance dans les organisations ! Ils contribuent à propager anxiété et stress dans la société. Ces personnalités toxiques sont incapables de dominer leurs peurs et leurs désirs (cf. Partie I). Les répercussions dans les familles ne sont pas quantifiables mais le collaborateur ramène à la maison son lot quotidien de tracas : les victimes de dictateurs, de divas narcissiques ou de mesquineries « politiques » sont souvent hantées par leur persécuteur.

Que faire ? La première chose est d'identifier rapidement ces comportements abusifs pour ne pas se laisser contaminer, et poser des limites pour protéger son intégrité psychique. Les portraits de ces trois tyrans organisationnels ne résument pourtant pas hélas l'ensemble des personnalités toxiques qu'il est donné de rencontrer. Mais ces pages permettent d'illustrer des comportements malveillants trop souvent passés sous silence ou acceptés.

Il s'agit de comprendre les difficultés, pour les collaborateurs, de résister à ces comportements, et surtout de ne pas se laisser entraîner dans des schémas de relations dysfonctionnelles et destructrices.

Chapitre 6

Les dictateurs

Pauline aime tout contrôler, et tout décider. Rien ne se fait sans son aval. Les collaborateurs savent qu'ils ne doivent pas contester son pouvoir. Elle est très autoritaire et ne supporte pas la contradiction. En réunion, elle entre aisément dans des monologues sans fin. Aucune injonction n'est tolérée sous peine d'être violemment sanctionnée par une remarque blessante. Elle peut devenir agressive et hausser fortement le ton pour intimider car tout doit fonctionner à la baguette. Les rencontres sont réglées en fonction de ses contraintes et les collaborateurs doivent s'y plier. Ils sont « à la sonnette » quand la chef est disponible, ils ont intérêt à être à l'heure, pointilleux sur les dossiers. Rien ne sauvera leur mise s'ils ne plaisent pas. Ils peuvent même être blâmés, reclassés ou licenciés. Ses collaborateurs ont souvent peur et refusent de prendre des initiatives.

Du petit chef au micro-manager aux comportements tyranniques, ces comportements non bienveillants font de notre quotidien un véritable enfer. À tous les niveaux des organisations, nous rencontrons ces comportements de « petits chefs » qui ne peuvent s'empêcher de tout contrôler en permanence. À la base se trouve le plaisir d'avoir du pouvoir sur l'autre et de ressentir du plaisir à l'exercer. S'enivrer de ce pouvoir souvent éphémère conduit à la vacuité et cause un désengagement massif pour les collaborateurs.

LE GOÛT DU POUVOIR

Dans un livre récent sur un président de la République française[1], il est écrit qu'il aimait le pouvoir pour le pouvoir. Les acteurs d'une organisation ont besoin d'apprivoiser leurs zones d'action, ou leurs « zones d'incertitude » selon la formule consacrée de Michel Crozier[2], de savoir développer des marges d'action et de manœuvre, de convaincre les opposants, de renforcer leurs alliances, bref, de développer leur pouvoir personnel. Cette démarche est acceptable si sa finalité est de faire grandir l'organisation, c'est-à-dire dans la mesure où elle vise à développer et faire avancer ses projets. Cependant, il y a les « autres », les amoureux du pouvoir qui aiment plus que tout le posséder pour asservir leurs collaborateurs et se refléter dans le regard de ceux qu'ils contrôlent. L'autre devient l'objet du pouvoir lui-même ou un moyen de consolider son propre pouvoir. Relayé à l'état d'outil, l'interlocuteur n'est plus rien dans le regard de celui qui est obnubilé par le pouvoir. Le pouvoir absolu d'Amin Dada ou des dictateurs de la planète laisse sans voix devant leurs exactions inhumaines : l'autre n'existe plus comme être humain mais se réduit à un simple objet, esclave des envies de celui qui détient le pouvoir.

> " L'autre devient l'objet du pouvoir lui-même ou un moyen de consolider son propre pouvoir.

---

1. DAVET Gérard, LHOMME Fabrice, « *Un président ne devrait pas dire ça…* », Stock, 2016.
2. CROZIER M., FRIEDBERG E., *L'acteur et le système*, Seuil, 1977.

Dans la théorie de la motivation de Mc Clelland[1], l'homme ressent trois besoins : le besoin de pouvoir, celui de réalisation et celui d'appartenance. Selon la théorie freudienne, la recherche de pouvoir permettrait de renforcer le moi. Cette volonté de puissance est vue comme un moyen de défense contre le sentiment d'insécurité et d'infériorité. Selon Adler, la volonté de puissance est la réponse au sentiment d'infériorité par un processus de « surcompensation ». Certains psychiatres comme Adler y voient même un mécanisme de défense compulsive contre l'angoisse et la dépréciation de soi.

Tous ceux qui exercent le pouvoir ne sont pas touchés par le mécanisme décrit ici, mais on comprend ainsi mieux le besoin psychique de maîtrise des autres, voire de dépendance dans laquelle on veut les entretenir.

Si les plus grands dictateurs, de Staline à Hitler, se caractérisent par des formes aiguës de paranoïa agressive et mégalomane, certains petits chefs semblent souffrir des mêmes maux. Le besoin de tout contrôler provient d'une méfiance pathologique vis-à-vis de l'extérieur et de l'autre. Au cœur du fonctionnement de ces petits chefs se trouve le soupçon patent vis-à-vis de tout ce qui les entoure.

La suspicion et l'obsession compulsive

Toujours sur ses gardes et attentif, Martin a peu développé d'affect avec ses collègues. Il est toujours suspicieux. Malheureusement, il met souvent en doute la loyauté de ses collaborateurs et s'évertue à rechercher activement le détail qui confirmerait ses soupçons.

---

1. Mc Clelland David C., *The achieving society*, Martino Fine Books, 2010, reprint of 1961 edition.

Sa méfiance vis-à-vis de tous et de l'environnement en général l'amène à avoir une connaissance pointilleuse de tous les dossiers pour se préparer à affronter le pire.

En tant que directeur administratif et financier, Martin a une vision globale sur tous les projets et ses collègues souffrent qu'ils mettent son nez dans tous leurs dossiers. Il est rare cependant qu'il accepte que l'on en fasse de même à son égard. Son périmètre est chasse gardée et les mesures de représailles seront fortes à l'encontre de qui ose s'immiscer dans ses affaires. Cette manière de procéder en naviguant subtilement dans l'organisation aide son supérieur en le déchargeant d'une grande partie de son travail, tout en lui permettant d'installer une relation de pouvoir vis-à-vis de ses collègues. Il se débrouille pour que ces derniers soient toujours dans des relations de dépendance vis-à-vis de lui.

Martin ne partage que le minimum sur sa vie privée. D'une certaine manière, il reste toujours très professionnel. Mais ce secret permanent à l'égard de son interlocuteur le rend peu sympathique. Il se méfie de tout quitte à se créer des ennemis pour sécuriser ses intuitions. On pourrait penser qu'il souffre d'une anxiété excessive, due à des soucis fréquents et intenses, se manifestant par une tension physique palpable. Il guette tout ce qui pourrait mal tourner, contrôle toutes les situations même à risque faible.

Son bureau souvent impeccable manifeste ouvertement le besoin excessif de Martin de tout maîtriser : incapable de déléguer des tâches, sa rigidité épuise et démotive les plus fidèles de ses collaborateurs.

Dans ses comités de direction, on entend une mouche voler. Il est le seul à parler. À la moindre réflexion mal placée, ses collaborateurs se font reprendre violemment. Peu d'entre eux osent participer, ayant peur que leurs interventions soient inappropriées.

Martin donne l'impression d'être froid et distant avec peu de souplesse relationnelle. Si un de ses collaborateurs remet en question son autorité, il se sent offensé. Il devient punitif, hausse le ton et ses représailles sont terribles. Il est même allé jusqu'à licencier un de ses collaborateurs car il ne supportait plus que ce dernier ait pris l'habitude de contester ses idées fréquemment en réunion.

La faute aux autres

Philippe, chef comptable, est toujours persuadé d'avoir raison. Il ne reconnaît jamais avoir tort et en vient même à reprocher aux autres ses propres erreurs. Un jour, Évelyne, sa collaboratrice en charge de la facturation, se fait reprocher de n'avoir pas commandé deux prestations à des fournisseurs. Elle lui dit alors qu'elle ne l'avait pas fait car, conformément à la procédure, elle n'avait pas reçu de devis de sa part. Les devis avaient été envoyés à Philippe mais celui-ci, hésitant à les valider, avait remis à plus tard cette tâche. Un matin, le patron de la division a demandé que le séminaire soit confirmé urgemment. Philippe n'avait plus comme choix que de valider les devis des prestataires. Si la procédure avait été simple et immédiate, la commande aurait pu être passée sans que les deux devis soient nécessairement saisis au préalable dans le système. Philippe, parfaitement au courant de cette étape, avait omis de valider la saisie dans le logiciel comptable, et en venait publiquement à reprocher à sa collaboratrice de n'avoir pas fait le travail. Il alla même jusqu'à se plaindre du « retard » de sa collaboratrice au patron de la division.

Incapable de reconnaître ses erreurs de comportements, ses sautes d'humeur, ses tendances paranoïaques, Philippe continue ainsi à voir le monde comme dangereux. Ses équipes deviennent méfiantes et toujours sur la défensive par peur de commettre des erreurs. Elles se voient déjà reprocher des erreurs dont elles ne sont pas responsables. L'information n'est pas partagée de manière libre et en confiance. Au contraire, les projets ne sont divulgués que de manière parcellaire. Et l'équipe cache l'information non seulement autant que possible aux collègues d'autres entités, mais en plus, en vient à ne pas tout dire et à faire le minimum sans son aval. Son style paralyse les initiatives.

Le comportement terroriste

Si on retrouve chez les dictateurs des « taiseux » et des animaux à sang froid, chez d'autres, la domination va de pair avec l'intimidation. Il n'est ainsi pas rare d'en voir certains prendre plaisir à terroriser en haussant fortement le ton pour s'exprimer. Certains chefs, eux, n'ont pas peur de rabaisser.

Oscar, au retour de son congé pour projet personnel, est sans cesse rabaissé et insulté par Christophe, le fondateur de son entreprise. Il est terrorisé mais n'a pas d'autre choix à ses yeux que de se laisser humilier pour garder son travail. Christophe, l'entrepreneur génial et séducteur, a cette tendance fâcheuse de « péter un câble » régulièrement. Il aime se comparer à Steve Jobs dont les colères homériques ont traumatisé nombre de ses collaborateurs, mais il n'en a pas pour autant le génie créateur…

Le juge impitoyable

Théophile, nouveau DSI, aime froncer les sourcils, prendre un ton abrupt et être cassant dans ses assertions. Le menton serré, la tension est palpable quand il parle. Il a une énergie qu'il a quelquefois du mal à maîtriser, en particulier quand il a le sentiment qu'on ne le prend pas au sérieux. Parfois, le stress le submerge et il en devient même agressif. Ses collaborateurs ressentent une réelle pression en travaillant avec lui. Il a des coups de sang particulièrement stressants pour ses collaborateurs. Son côté hyperréactif le rend imprévisible et d'une humeur peu égale. Son manque de chaleur et son intolérance vis-à-vis de l'erreur glacent les envies et l'enthousiasme de ses collaborateurs. Ils ont le sentiment d'être peu soutenus. Seules leurs erreurs sont soulignées mais jamais leurs efforts, ni leurs succès. Ils font le minimum, se désengagent des responsabilités dont ils seront de toute façon déchargés à terme, ou, ils s'épuisent à faire des heures supplémentaires pour faire avancer un projet dont ils apprendront que leur chef l'a modifié profondément sans même leur demander leur avis, par pur abus d'autorité. L'ambiance, faite d'anxiété, est devenue « dépressiogène ».

LA SPIRALE DE L'ÉCHEC DU « PETIT CHEF SANS LE VOULOIR »

Attention, on peut devenir un « petit chef sans le vouloir » sans être, à la base, assoiffé de pouvoir. Le besoin de tout contrôler en permanence découle parfois d'un manque prononcé de confiance en soi.

Géraldine est une personne attentionnée envers sa famille et ses enfants. Elle a un véritable intérêt pour ses collaborateurs. Elle s'en préoccupe ; on sent une humanité et un intérêt pour ces derniers. Pourtant, dès qu'un projet lui échappe ou qu'elle a décidé qu'une personne n'était pas compétente ou impliquée, elle la harcèle d'e-mails et de reportings à réaliser. Son besoin de contrôle et de maîtrise est si fort qu'elle en vient à by-passer ses n-1 pour aller discuter directement avec ses n-2. Les résultats sont catastrophiques. Le collaborateur visé perd progressivement confiance en lui. Il ne comprend plus le flot de rapports, d'e-mails à traiter, dont l'unique objectif est de rassurer sa supérieure et d'asseoir ses décisions. Géraldine devient agressive si elle ne maîtrise plus l'information. Bien que sensible à la vie personnelle de ses collaborateurs, dès qu'un projet est en jeu, plus aucune considération n'existe, elle en perd toute sensibilité. Il faut réussir le projet coûte que coûte. Elle se révèle dure et stressée, envoie des informations contradictoires et met une pression maximum. Rien ne va plus. Démoralisés, certains membres de son équipe n'ont pas l'habitude de lui résister ; elle en devient tyrannique et met les collaborateurs qu'elle a décidé de « cataloguer » en situation de fragilité professionnelle.

Le comportement de Géraldine, pour une grande part dû à un manque de confiance en elle, la conduit à ce que Jean-François Manzoni[1] appelle le syndrome programmé de l'échec entre un manager et son collaborateur : malgré les intentions louables d'un chef, celui-ci induit par son comportement les moindres performances de son collaborateur, et conduit à une spirale de l'échec.

Si l'effet Pygmalion décrit la dynamique dans laquelle un individu est façonné vers un destin heureux, le syndrome programmé de l'échec décrit l'opposé. Le collaborateur est entraîné dans une spirale de l'échec à cause du regard et du manque de considération que son supérieur lui porte.

Le collaborateur perd un client, manque un délai, et s'amorce alors ce terrible cercle vicieux. Face à ces erreurs, le patron prend ainsi les premières actions correctrices en augmentant le temps dédié à son collaborateur. Il demande que son accord soit demandé pour chaque décision en s'assurant qu'un certain nombre de procédures administratives soient bien remplies au préalable. Il commence à faire davantage attention à ce qui se passe avec son collaborateur en réunion. Même si cette attention a pour objectif d'améliorer la performance et de prévenir les erreurs, le collaborateur l'interprète comme un

---

1. MANZONI Jean-François, BARSOUX Jean-Louis, *Relations difficiles au travail, rompre le cercle vicieux*, Village Mondial, 2004.

manque de confiance, qui peu à peu l'amène à douter de lui et de ses compétences… jusqu'à douter de sa capacité à prendre des décisions par lui-même. Le patron finit alors progressivement par remettre en question tout ce que fait son collaborateur. Ironiquement, le patron constate que le retrait de son collaborateur est une preuve de son manque de performance. La boucle est enclenchée et le patron augmente sa supervision et la pression car, après tout, ce collaborateur ne contribue pas par son engagement au succès de l'équipe. Tout finit par être revérifié et le collaborateur abandonne l'idée de pouvoir apporter sa contribution de manière efficace. Le patron et son collaborateur finiront par se séparer.

> " Le patron finit par remettre en question tout ce que fait son collaborateur.

Ce phénomène a une dimension auto-réalisatrice dans la mesure où les actions du patron contribuent à la mauvaise performance du collaborateur.

Le cas de Hugo et Éric

Dans son nouveau travail, Hugo a pour supérieur direct Éric, qui vient lui-même d'être promu au comité de direction de l'usine. Au début, Éric demandait régulièrement à Hugo de lui faire des rapports sur ses contrôles qualité, sans bien lui en expliquer les raisons. Ceux-ci avaient en réalité plusieurs objectifs : générer de l'information qui pourrait les aider tous deux à comprendre le nouveau processus de production, et aider Hugo à systématiser ses analyses qualité. Étant lui-même nouveau à ce poste, Éric voulait en profiter pour démontrer à son supérieur qu'il faisait tout pour maîtriser les tenants et les aboutissants de son nouveau travail.

Cependant, sans comprendre les motivations profondes d'Éric, Hugo renâcle à remettre les rapports demandés : pourquoi donc devrait-il faire des rapports pour fournir de l'information sur un projet dont il a l'entière responsabilité ? En partie en raison d'un manque de temps, en partie parce qu'il considère cela, à tort ou à raison, comme de l'ingérence de son patron, Hugo, droit dans ses bottes, décide de consacrer un minimum de temps et d'énergie à écrire ces rapports.

Cette procrastination et la qualité médiocre des rapports plus ou moins bâclés commencent à irriter Éric, qui finit par douter de Hugo. Éric commence alors à être plus insistant et strict vis-à-vis des rapports. Hugo interprète son attitude comme un manque de confiance, se désengage progressivement de leur relation et devient de plus en plus passif pour répondre aux demandes de son chef. En moins de temps qu'il ne faut pour l'imaginer, Éric finit par superviser toutes les actions de son collaborateur dans le détail, au grand dam de ce dernier… et moins d'un an après avoir accepté avec enthousiasme cette nouvelle fonction, Hugo est sur le point de démissionner.

(Inspiré de Manzoni et Barsoux, *Harvard Business Review*[1])

Pourquoi certains managers catégorisent-ils et mettent-ils certains collaborateurs dans des « boîtes » ? Pour les mêmes raisons que nous mettons dans des cases notre famille, nos amis et nos connaissances : cela facilite la vie et c'est la manière dont fonctionne en partie notre cerveau. En effet, ce mécanisme permet de fonctionner de manière plus globale avec des schémas de compréhension de la réalité prêts à l'emploi.

---

1. MANZONI Jean-François, BARSOUX Jean-Louis, *The Set-Up-To-Fail Syndrome*, Harvard Business Review, 1998.

Ce type de catégorisation amène malheureusement à enfermer l'autre dans des préjugés. Le manager sélectionnera uniquement les informations qui conforteront son opinion et entraînera son collaborateur dans une spirale du désengagement. D'après des études de Manzoni, les patrons ont tendance à considérer bien différemment les *performers* des *non-performers*. Les premiers ont de l'autonomie, du *feedback*, des manifestations de confiance. Les autres devront se contenter de relations basées sur les règles, l'autorité et un degré de formalisme accru. Ce que les managers oublient, c'est que les contrôles trop serrés sapent la motivation de plusieurs façons : non seulement ils enlèvent de l'autonomie, mais ils laissent entendre que le collaborateur n'en est pas capable.

« Quand mon patron me dit exactement ce que je dois faire, je finis par abandonner et faire exactement ce qu'il veut : "Allez, dis-moi ce que tu veux que je fasse et je le ferai." Je finis par faire les choses de manière même mécanique. »

« Avant, j'essayais d'avoir davantage de contact, mais depuis le *feedback* très négatif qu'il m'a fait, je fuis… »

QUE FAIRE ?

Qu'est-ce que je ressens face à un « petit chef » ? Face à la dureté et la froideur du chef qui peut aller jusqu'à une forme de brutalité ou d'agression, on ne se sent pas en confort mais en tension. On n'a pas le sentiment d'aimer la personne, mais d'être là pour travailler et servir. Le travail revient à sa définition de base qui est celle d'une forme d'asservissement. Cette vision pourtant obsolète des relations « maître-esclave », qui n'a plus lieu d'être en réalité dans les entreprises, est pourtant une des conséquences des comportements tyranniques des petits chefs et des dictateurs en herbe. Leurs collaborateurs sont paralysés. Ils perdent leur enthousiasme et leur motivation, et n'ont plus envie de se surpasser pour l'entreprise. Ils rentrent dans la spirale du désengagement. Il en résulte souvent une perte de confiance en soi qui peut entraîner de graves conséquences.

Naturellement ces comportements sont à l'opposé de la Bienveillance, même lorsqu'ils ne sont pas décidés intentionnellement par ceux qui les pratiquent.

Comment faire pour les corriger ? Certains diront que ce n'est pas possible et qu'on ne peut pas changer les gens. Il faut faire avec et ce n'est pas la responsabilité de l'entreprise que de faire la psychanalyse de chacun.

C'est en partie vrai mais jusqu'à un certain point seulement. Cela fait partie de la responsabilité de l'entreprise d'apprendre à ses collaborateurs à mieux se connaître afin qu'ils soient en mesure de tempérer leurs excès et de corriger leurs comportements erronés. Il existe des méthodes pour cela, comme l'évaluation à 360 degrés, qui consiste à se faire évaluer par tous ses collègues : pairs, collaborateurs et hiérarchie. Si elles ne sont simples à manier, ces méthodes ont des effets spectaculaires quand le processus est bien conduit par des managers qui y croient et… commencent par se l'appliquer à eux-mêmes !

Éric Albert, psychiatre, fondateur de Uside,
auteur de *Partager le pouvoir* (Albin Michel, 2014)

Comment changer les comportements individuels pour amener de la Bienveillance ?

Changer les comportements repose sur trois séquences.

La première est d'être convaincu de l'intérêt de changer ou du risque à ne pas changer. C'est ce qu'on appelle l'*étape motivationnelle*. Dans le cadre de la Bienveillance, cette démarche motivationnelle doit s'appuyer sur un référentiel rationnel plus que moral. En quoi des relations bienveillantes permettent d'être plus efficace ? Quel bénéfice personnel peut-on en tirer ? Quelles sont les conséquences de l'absence de Bienveillance dans les relations ? C'est ce type de questions qu'il est utile de se poser.

Puis vient la deuxième étape qui repose sur la méthode de *changement comportemental*. Elle suppose d'être précis sur quels comportements faire évoluer, dans quelle circonstance, et avec qui. Puis il s'agit de tester le changement par petites étapes en commençant par ce qui est facile. C'est souvent utile d'avoir un interlocuteur qui aide à fixer ces étapes et à débriefer les mises en situation.

Enfin, pour être encouragé à changer, il est plus efficace de *se mettre sous pression*, à la fois pour y penser et pour ne pas se laisser déborder par les habitudes et toutes les autres préoccupations qui occupent nos journées. L'une des pressions les plus efficaces est le regard des autres. En leur annonçant notre intention de changer et en leur demandant de porter leur regard (bienveillant bien sûr) sur ces changements, cela engage et aide à se rappeler qu'il faut le faire.

Voici donc les trois étapes à appliquer avec méthode et rigueur.

Chapitre 7

Les divas

Sasha est le directeur marketing pour le marché américain d'un grand laboratoire. Docteur en médecine, titulaire d'un MBA prestigieux, il est une star dans la profession. Le marché est extrêmement compétitif et son employeur lui a fait un pont d'or pour qu'il rejoigne les équipes. Il veut être le meilleur et « dominer » le marché. Il n'hésite pas à dire ce qu'il pense à tout le monde. Ayant le sentiment d'être exceptionnel, de mériter davantage que les autres, il n'a aucune considération pour ses collaborateurs. Les seuls dont il apprécie la compagnie sont ceux qui le courtisent et lui « cirent » les pompes. Il veut briller dans tout ce qu'il fait : le boulot, le sport… Il n'a pas le temps d'avoir une famille pour l'instant tant qu'il n'est pas devenu « multi-millionaire », comme il dit.

Hyperactif, il épuise ses collaborateurs à force de leur mettre la pression et il lui arrive de changer d'avis au dernier moment. Les chefs de produit se demandent toujours ce qui va se passer quand ils défendent leurs plans de communication pour un lancement dans les jours qui suivent : ils peuvent être condamnés à tout refaire nuit et jour, ou voir leurs travaux jetés à la poubelle. Les points de validation intermédiaires existent mais Sasha les décale souvent en fonction de ses contraintes de dernière minute. Ses collaborateurs attendent sagement que leur patron leur accorde un peu de son temps pour les validations.

Toujours tiré à quatre épingles, avec des vêtements à la mode, il aime séduire jusqu'à ses stagiaires. Certaines sont tombées amoureuses et ont dû quitter l'entreprise plus tôt que prévu. Il est parfois pris en flagrant délit de « pétage de plomb » de colère et de rage lorsqu'il n'obtient pas ce qu'il souhaite. Il considère que les règles ne sont pas faites pour lui.

Les divas que nous rencontrons dans les organisations ont de nombreuses caractéristiques, mais la plus frappante est qu'elles sont totalement focalisées sur elles-mêmes… comme si ce trop-plein d'elles-mêmes les empêchait de s'intéresser aux autres. Elles peuvent créer des relations parfaitement dysfonctionnelles avec leurs collaborateurs en manque de confiance, qui finissent par se battre pour leur plaire. Ignorants des mécanismes qui s'opèrent, ces derniers s'épuisent en croyant être reconnus par leurs chefs.

> **❝ Les grands narcissiques sont nombreux parmi les entrepreneurs.**

Les grands narcissiques sont nombreux parmi les entrepreneurs. Un des plus célèbres fut Robert Maxwell. Magnat des médias en Angleterre, il se suicide en sautant de son yacht en 1991 quand il fut révélé qu'il avait puisé dans le fonds de pension de ses entreprises. Adepte de la terreur et du « surcontrôle », il avait également toutes les caractéristiques du grand narcissique, avec le sentiment d'être au-dessus des autres, de mériter davantage que ses collaborateurs qui lui devaient tout, poussant le vice jusqu'à mettre ses salariés sur écoute.

LE BESOIN D'ÊTRE ADULÉ

Christophe, entrepreneur flamboyant, a une personnalité haute en couleur. Hyper focalisé, obsédé par son entreprise dans les nouvelles technologies, il est prêt à travailler non-stop pour réussir et arriver à ce que son entreprise devienne une des plus rentables du marché. Il a un besoin constant d'être entouré de collaborateurs surdiplômés. Régulièrement, il rappelle à ses collaborateurs, tout comme à ses clients, qu'il a recruté tel jeune diplômé de telle grande école. Il s'identifie entièrement à son entreprise dont il imagine qu'elle attire les collaborateurs les plus prisés sur le marché.

Après la période de « séduction » de la nouvelle recrue, arrive la période initiatique de souffrance. Créer le nouvel Apple ou le nouvel Oracle doit se mériter. Il faut alors trimer sans relâche, être prêt à rester à ses côtés jour et nuit, à faire et refaire les documents, les propositions commerciales, au gré de l'intuition et des sautes d'humeur de ce patron au caractère volatile. De l'extérieur, on pourrait bien se demander ce que ces nouvelles recrues trouvent de si exceptionnel à leur supérieur et ce qui les poussent à accepter une telle maltraitance. Mais Christophe a mis tout son talent de séducteur pour, petit à petit, les encercler dans une danse macabre. À long terme, ses collaborateurs proches finissent par se rendre compte que sa soif de grandeur et de pouvoir l'aveugle et qu'ils ne sont que des outils au service de son besoin de reconnaissance. Ils ont cependant été, pendant des années, sous son emprise.

Aux yeux de Christophe, le monde est divisé en deux : les blancs et les noirs, les alliés et les ennemis. Le risque est de passer d'une catégorie à l'autre du jour au lendemain. Si on ne l'aime pas, il se met alors dans des colères incontrôlables et en vient même à préférer qu'on le déteste. Cette vision du monde dichotomique s'applique à tout : les projets sont fantastiques ou absolument inutiles. Ce qui est pénible et anxiogène, c'est que cette manière binaire d'ordonner le monde s'applique à ceux qui travaillent pour lui. Un jour portés au pinacle, certains collaborateurs se donnent alors à fond dans leur job au détriment de leur vie privée. Après tout, le jeu en vaut la chandelle : des stock-options, des perspectives… poussent Nicolas à se donner entièrement pour ce chef lumineux qui va décrocher les étoiles et amener l'entreprise au firmament de sa gloire. Cependant, du jour au lendemain, pour une parole malheureuse, pour une tentative infructueuse, il devient un pestiféré incompétent, passant de la lumière à l'ombre, et ses jours dans l'entreprise sont comptés. Les volte-face et les amitiés éphémères qui se font et se défont en un instant ont fini par créer un profond sentiment d'insécurité dans l'entreprise.

L'intelligence de Christophe est entièrement consacrée à séduire et à être admiré. Déployant des trésors pour faire la danse du ventre aux potentielles recrues pendant la période faste de la bulle Internet des années 2000, il a levé plusieurs dizaines de millions pour se permettre de s'attacher des collaborateurs de premier choix en leur déroulant le tapis rouge. Sous le regard médusé des autres collaborateurs qui ont observé le côté sombre de sa personnalité, certains, dubitatifs, regardent ce cirque. Ses trésors d'énergie pour séduire peuvent laisser supposer une capacité à observer les autres, à comprendre leurs besoins psychologiques, à les satisfaire, et donc à développer une forme d'empathie. Grandes ont été les déceptions, les unes après les autres, quand les collaborateurs furent remerciés à tour de rôle. Ils comprenaient que Christophe n'avait en réalité aucune empathie pour eux mais se servait de sa capacité de lecture des ressorts de l'âme humaine pour les manipuler et arriver à ses fins.

Un jour, Christophe organisa une grande journée de team building pour ses équipes. Il avait loué un château en Normandie et les trois cents nouveaux collaborateurs de la start-up furent réunis en banlieue parisienne. Après avoir mis à très rude épreuve les nerfs de son directeur de la communication en charge de l'organisation de l'événement, le patron charismatique et énergique avait rassemblé autour de lui ses collaborateurs. Rien ne fut trop beau : lancer de ballons, feux d'artifice… Célibataire, il faisait de cet événement la célébration de son mariage avec l'entreprise qu'il *avait créée. Il avait ainsi réservé des montgolfières le dimanche. Mais la veille, les collaborateurs recrutés après l'école, et sous pression toute la semaine, avaient profité du week-end à la campagne pour boire et faire la fête jusqu'à point d'heure… Le lendemain, aucun ne réussit à se lever. Et les montgolfières furent vides de participants. Christophe entra dans une colère noire. Il n'arrivait pas à contrôler sa fureur et pestait contre ses collaborateurs pour leur ingratitude. Il désirait plus que tout que ces derniers puissent s'émerveiller devant le spectacle grandiose qu'il avait imaginé.*

Belles voitures, rencontres prestigieuses… Christophe exulte dans le regard des autres qu'il croit admiratifs. À force d'en faire trop en permanence, il ne se rend pas compte du côté burlesque et excessif de son comportement. En quête de respectabilité, il fait tout pour être aimé par des notables de l'intelligentsia parisienne ou des personnages influents.

Christophe est à mille lieues de satisfaire les besoins fondamentaux d'un être humain de se sentir reconnu, valorisé et sécurisé. Tout, dans le management de Christophe, l'éloigne de la Bienveillance pour ses collaborateurs. Ceux-ci, au contraire, se sentent utilisés et tributaires de ses sautes d'humeur. La possibilité de se faire licencier à tout moment a fini par créer un climat d'insécurité permanent et total.

Un narcissisme poussé à bout

Emma avait un besoin maladif d'être courtisée et flattée pour exister. D'ailleurs, ceux qui n'avaient pas compris qu'il valait mieux faire preuve d'excès dans leurs éloges quitte à être confondants d'exagération, prenaient le risque de subir à tout moment son courroux. Narcissique, elle avait l'habitude de se regarder dans le miroir installé sur son mur, le long duquel ses collaborateurs s'installaient pour les bilatérales. Ils en venaient même à se demander si ces réunions avaient une quelconque utilité. Elle prenait plus de temps à s'écouter elle-même, plutôt qu'à les écouter, eux.

Souvent considérée comme méchante et intolérante, elle avait l'habitude de mal parler à ses collaborateurs. Après tout, ils n'étaient là que pour contribuer à ses projets. Elle faisait partie du Comex de l'entreprise. Il n'y avait donc aucune raison qu'elle puisse être contestée par les membres de son équipe. « Ce que tu dis est complètement idiot, comme d'habitude », « Ton travail est calamiteux et j'ai peut-être fait une erreur de recrutement » : les remarques dégradantes fusaient à tout propos, sapant le moral de ceux à qui elles étaient adressées. Mais elles ne concernaient pas uniquement le travail, elles touchaient le collaborateur dans son intégrité, et minaient son équilibre personnel.

Comme on peut imaginer une rock star capricieuse, il fallait se mettre en quatre pour satisfaire ses moindres envies et désirs. Pour espérer survivre, il fallait la courtiser, sinon on courait le risque de n'être plus ni apprécié, ni considéré et il n'y avait pas de deuxième chance. Par peur d'être placardisé, d'être renvoyé, chacun se pliait au bon vouloir de la reine autocrate. Ne pas la courtiser était une forme d'affront dont elle finirait par se venger. Sans être fondatrice de l'entreprise, elle s'assimilait pourtant à elle.

Reconnue dans le milieu, elle se considérait comme une étoile de la profession. Elle avait clairement dans l'esprit qu'il y avait les supérieurs et les inférieurs, en faisant remarquer qu'il existait une hiérarchie des individus : en haut, il y avait les puissants, et en bas, ceux qui devaient les servir. Il existait à ses yeux une valeur des individus mesurée par leur pouvoir ou par leur salaire : « Ce responsable de département n'est pas directeur. Quand on a son salaire, on n'a pas grand-chose à dire. » Elle n'éprouvait aucune gêne à formuler ce type de remarques à des tiers. Elle entretenait une culture darwinienne de l'entreprise : « *Les meilleurs, les plus forts, ceux qui me flattent survivront.* » *Mais même ceux qui acceptaient de rentrer dans le jeu n'étaient payés en retour qu'au minimum. Dans sa folie des grandeurs, elle pensait qu'il était naturel qu'on lui témoigne autant d'attention puisqu'elle était la meilleure.*

La perversité d'Emma, son plaisir à faire souffrir ses collaborateurs, ne laissent aucune place à la Bienveillance et à la construction des échanges. Tout va dans un seul sens.

UNE HYPERACTIVITÉ OBSESSIONNELLE

Baptiste, directeur général d'une business unit, *faisait régulièrement le tour de la planète avec ses équipes pour vendre ses produits à des grandes entreprises. Infatigable, il donnait à ses collaborateurs l'impression qu'il ne savait pas s'arrêter. Son côté flamboyant le rendait attirant et distrayant, mais aussi fatigant car il ne s'arrêtait jamais. Il était très fier de dire qu'il commençait sa journée à 5 heures 30 du matin par un jogging, puis enchaînait les réunions toute la journée pour finir par bombarder ses équipes d'e-mails urgents à traiter. En moyenne, ses n-1 recevaient a minima dix e-mails d'actions à réaliser par jour. Sans réelle limite entre sa vie professionnelle et sa vie personnelle, les e-mails arrivaient jusqu'à 23 heures, voire minuit, tous les jours, samedi et dimanche compris. Cela entraînait un sentiment de pression permanente, au risque d'épuiser tout le monde, lui-même en premier.*

Cette énergie au combat quotidien, il la mettait au service de son ambition démesurée. Ses chefs appréciaient son implication sans faille, car il était toujours prêt à répondre favorablement à leurs attentes, mais ils ne voyaient pas que sa présence en continu l'empêchait de prendre du recul. L'exigence qu'il avait envers lui-même se transférait sur les autres et il avait acquis la réputation d'être très autoritaire. Il n'hésitait pas à entrer en conflit avec ses pairs. Sûr de son fait, de sa maîtrise des dossiers à force de les avoir travaillés sans relâche, il était en « état de siège » permanent vis-à-vis de ses collègues, qu'il considérait comme des adversaires.

Baptiste avait le sens de la compétition chevillé au corps : « Nous devons être les meilleurs », répétait-il. Son besoin de perfection était permanent. Quel stress à chaque rencontre avec lui ! Les présentations devaient lui être rendues impeccables, à la virgule près. On aurait dit qu'il avait l'œil pour souligner la moindre imperfection. À un séminaire d'équipe, il y avait un court de tennis. Ni une ni deux, le voilà ferraillant avec le directeur financier pour gagner le match. À table, il devait toujours avoir raison, même en matière de discussions politiques. Ceci ne manquait pas d'agacer ses interlocuteurs qui n'étaient pas forcément du même bord que lui. Perdre était inacceptable. Dans le travail, il en était de même, il avait toujours mieux compris que les autres les besoins du client, la manière de répondre à l'appel d'offres, et les enjeux de pouvoir en place. Malheur à celui qui ne respectait pas à la lettre ses consignes. En fin de compte, il avait réussi à paralyser toute l'organisation, et ses collaborateurs ne faisaient plus rien sans son accord.

L'énergie, le sens de la compétition, l'engagement à 200 % de Baptiste avaient en effet fini pas épuiser toutes ses équipes. Comment se sentir bien et compétent face à une telle machine et un tel rythme de travail ? Baptiste ne rendait pas heureuses ses troupes obligées de passer leur vie au bureau.

Ce qui avait été le plus terrible pour Augustin, son fidèle collaborateur, était son sentiment d'être victime d'ingratitude. Sa femme avait accouché à 2 heures du matin. Le lendemain,

Augustin avait naturellement pris sa journée. Le week-end suivant, Baptiste voulut qu'Augustin le rejoigne à Londres pour préparer le rendez-vous du lendemain avec un client important. Pour la première fois, Augustin déclina sa demande pour s'occuper de son épouse et de son nouveau-né. Baptiste ne lui pardonna jamais cet affront. Immédiatement, il ne fit plus partie de sa garde rapprochée. Il n'était, en effet, pas envisageable de refuser quoi que ce soit à Baptiste, en particulier de la part d'Augustin, qui, aux yeux de son patron, lui devait tout : « Je t'ai sorti du caniveau », comme il aimait à lui répéter à longueur d'années. Augustin a finalement compris que ses années au service de son chef ne seraient jamais payées de retour.

QUE FAIRE ?

Beaucoup de collaborateurs, face à ce type de perversité, sont séduits par la personnalité de leur chef haute en couleur, vibrionnante, pleine de lumière et d'énergie. Avec eux, tout est possible, et dans un monde anxiogène, cette foi en eux irradie tout autour d'eux. Ils croient tellement en leur bonne étoile que le succès en devient une évidence, si bien que les personnes qui les côtoient finissent par en être elles-mêmes convaincues. Ces personnes arrivent à créer un sentiment de dépendance de type « amoureux », et épuisent leurs troupes en soufflant le chaud et le froid en permanence.

Les collaborateurs finissent par perdre confiance car toute décision doit recevoir l'approbation du manager « star ». Après avoir été charmés et avoir eu le faux sentiment d'être uniques et essentiels pour leur chef, après avoir été portés aux nues, ils tombent de haut et la désillusion est forte. La danse du paon, entre éloge, flatterie et autres manipulations, est si belle… comment imaginer une telle ingratitude ? En réalité, ce type de personnages est peu sensible aux émotions qu'il crée chez les autres (le sentiment d'humiliation, la crainte, le repli et la peur, ou encore la jalousie, la convoitise et l'envie…). S'il est particulièrement fort dans l'art de manipuler pour flatter (« tu es l'un des meilleurs collaborateurs que j'ai pu rencontrer »), pour intimider (« si tu ne fais pas ce rapport pour demain, tu en subiras les conséquences »), pour culpabiliser (« après tout ce que je fais pour toi tous les jours », « grâce à moi, tu es là »…), ou encore pour jouer sur l'affectif (« nous avons tellement fait ensemble… »), le patron « diva » arrive à désorienter entièrement ses coéquipiers. Il parvient à créer de grandes frustrations et provoquer de grandes souffrances.

Il est évident que ces comportements ne génèrent aucune Bienveillance. Pire encore, ils contribuent à l'éliminer définitivement là où elle existe.

Ce type de managers peut détruire en quelques mois une culture d'entreprise saine, respectueuse des hommes et des femmes, bienveillante à leur égard, que leurs prédécesseurs auront mis des années à construire.

> Ce type de managers peut détruire en quelques mois une culture d'entreprise saine.

Inconsciemment ou pas, ce sont de véritables prédateurs.

Ils sont dangereux pour l'entreprise. Celle-ci a le devoir de révéler à ces personnes ce qu'elles sont réellement. Quand le mal est trop profond, il n'y a pas d'autre solution pour elle que de s'en séparer.

Chapitre 8

Les courtisans

Grégoire est apprécié de son patron qui ne jure que par lui. Toujours présent, toujours serviable, il a le mot juste et sait rassurer le chef, voire lui dire ce qu'il a fondamentalement envie d'entendre. Certaines mauvaises langues diraient de lui qu'il va même jusqu'à fayoter et lui cirer les pompes. Quoi qu'il en soit, il est toujours très à l'aise avec les dirigeants, ses alter ego dans l'entreprise. Pourtant, même s'il est toujours souriant avec ses collaborateurs, ces derniers n'ont pas développé beaucoup de liens avec lui et ils ne lui font pas réellement confiance. Ils n'ont pourtant pas spécifiquement à se plaindre d'être « malmenés » car il y a rarement des conflits ou des outrances de sa part. Aucun n'est cependant satisfait de travailler pour lui, et personne n'éprouve le sentiment de progresser.

PARMI LES PUISSANTS

Grégoire, selon la définition du dictionnaire, ressemble ainsi à un courtisan qui cherche à gagner la faveur de sa hiérarchie en la flattant. Ce besoin de plaire aux « puissants » et d'appartenir au premier cercle des influents peut amener à toutes les génuflexions « politiques », manifestant ostensiblement la différence entre ceux qui ont le pouvoir et ceux qui ne l'ont pas. Toujours en sourires, quasi exagérés envers ceux qui sont en position de force, les courtisans changent d'attitude vis-à-vis de ceux qui ne le sont pas. À l'inverse, ils font preuve de peu de considération réelle envers ceux qui sont « en dessous ». Qu'à cela ne tienne, personne n'est dupe ! Quand un manager ne regarde pas ses collaborateurs dans les yeux en les saluant le matin, cela témoigne d'une profonde indifférence et d'un manque de considération. Certains poussent même le vice jusqu'à oublier le prénom de leurs collaborateurs.

Peu importe, ils ne sont pas en position de pouvoir nuire, se disent-ils… Un PDG d'une grande entreprise était connu pour lire le journal quand ses cadres venaient présenter leurs dossiers en Comex. L'impression était terrible pour les collaborateurs qui se sentaient rabaissés. Malheureusement, ce genre de comportements arrive tous les jours à tous les niveaux.

Gabriel, avec son équipe ou avec d'autres, n'hésite pas à consulter son portable pendant le déjeuner à la cantine. Chacun sait bien qu'il n'oserait pas le faire devant son patron avec qui il est tout mielleux, buvant ses moindres paroles. Ses collaborateurs sont plus qu'agacés par ce mépris à leur encontre car ils ont également compris que ce dernier attendait sans doute que l'on se comporte de la même manière avec lui. Et c'est en fait le cas. Rien ne le rend plus heureux que de se faire brosser dans le sens du poil. Dans son langage, le clivage est bien clair : il y a ceux qui ont « les mains dans le cambouis », et les autres, ceux qui réfléchissent et qui décident, dont il fait partie. Selon l'adage populaire, il sait être « fort avec les faibles et faible avec les forts ».

Une blessure narcissique

Sans doute ce besoin pathologique d'exclure et de diviser le monde vient du fait que le courtisan a souffert lui-même dans sa prime jeunesse de ne pas être reconnu. Comme si le fait d'être parmi ceux qui avaient le pouvoir d'exclure lui permettait de se protéger de l'idée qu'il pourrait faire à nouveau partie des exclus. Dans *Django unchained*, un des rôles principaux du film de Tarantino est tenu par Stephen, un fidèle majordome noir, qui est le pire expiateur des Afro-américains au Texas en 1858 dans la ville de Greenville. Comme si sa crainte profonde et inconsciente d'être parmi ceux qui pouvaient être victimes de la vindicte raciste l'amenait à se confondre avec les tortionnaires, par un phénomène d'identification à l'agresseur, connu en psychologie comme le syndrome de Stockholm.

UNE FORME DE CYNISME ET UN MANQUE DE COURAGE

Dans les combines et les jeux d'alliances, le courtisan passe l'essentiel de son énergie aux manœuvres plutôt qu'à travailler et à faire avancer ses dossiers. Car après tout, d'autres se chargent de ce travail : ses collaborateurs sont là pour ça. Mais il ne se sent pas redevable envers eux. Au contraire, il a tendance à s'approprier leur travail en signant leur réalisation et en profitant au passage pour faire son marketing personnel dans l'organisation.

> Le courtisan passe l'essentiel de son énergie aux manœuvres plutôt qu'à travailler.

Il est fréquent de noter le manque de courage du courtisan à défendre son opinion face aux courants de pensée dominants. En fait, peu importe ses convictions. Il s'accommode très bien de toutes les réalités. Une certaine forme de cynisme est au cœur de son mode de raisonnement. Ce qui compte, c'est la gloire et le statut, même s'il doit faire passer son amour-propre au second plan.

L'impact de ses décisions sur l'organisation le soucie peu. Dans la même logique, le travail en lui-même a pour lui peu d'intérêt. Le courtisan reste dans une logique utilitariste qui lui permet d'exploiter ce qui peut l'être pour se rapprocher de tout ce qui brille.

Finalement, puisque le travail réalisé n'a en soi que peu de valeur et que la fin justifie souvent les moyens, il n'y a pas de problème à s'approprier le travail des autres. Le courtisan profite du flou dans l'organisation pour en tirer parti.

Plus les responsabilités sont diluées et peu claires, plus les territoires sont ambigus, plus le courtisan trouve un terrain de jeu favorable à déployer ses stratégies. Il est difficilement pris sur le fait car il navigue toujours dans l'ambiguïté et rien n'est jamais évident. Il propage des informations fausses mais impossibles à vérifier car il est suffisamment rusé pour ne laisser aucune trace. Si on a l'œil aiguisé et qu'on se rend compte de ses demi-vérités, il est difficile d'agir car rien n'est factualisable aisément, et le rythme des actions et des décisions à prendre embarque les membres de son équipe dans l'urgence du quotidien.

Hélène est en charge du marketing opérationnel d'une chaîne de magasins de décoration et y est reconnue. Pourtant, un certain nombre d'actions ne sont pas mises en place malgré les directives du directeur des ventes et du marketing. Hélène a toujours une bonne excuse. En réalité, elle n'a pas envie de le faire et trouve toujours une raison en rapportant des informations qui ne sont pas toujours précises et vraies : « Mon interlocuteur est en rupture de stock sur cet article, et par conséquent, nous n'avons pas pu faire cette campagne. » En réalité, l'interlocuteur en cause n'est pas en rupture de stock et n'est même pas au courant de la demande qui a été faite…

Ce type de manipulation de la vérité est fréquent chez les courtisans qui profitent de l'opacité du système pour faire courir des rumeurs, pour contrebalancer les vérités. Ils discréditent les actions des autres en jouant sur la crédulité de leurs chefs, afin de renforcer leur position et se faire valoir.

Il s'agit pour eux de toujours privilégier leur intérêt, quitte à aller jusqu'à s'approprier le travail des autres. Ils profitent de la non-clarification des responsabilités pour mettre à mal la coopération. Isabelle, par exemple, n'hésite pas à « oublier » d'informer ses collègues d'une réunion importante avec ses partenaires pour avancer sur un projet. Elle s'en excusera plus tard sous prétexte de l'avoir fait involontairement et gardera le *lead* sur la relation client en reléguant ses collègues au titre de sous-traitants de « son » projet, puisqu'elle aura la main sur l'information. Le patron étant peu interférant et préférant garder le flou sur les responsabilités sera volontairement ou involontairement à l'origine des rancœurs et des frustrations, qui ne manqueront pas de surgir entre les collègues. Les courtisans savent naviguer dans ces territoires de responsabilité insuffisamment clarifiés.

La nature ayant horreur du vide, les courtisans ont une grande habileté à se placer dans les interstices du système qui les rend peu condamnables puisque rien ne peut réellement leur être reproché. Ils jouent avec les limites et les périmètres d'une organisation qui n'a pas su rendre transparents ses modes de fonctionnement et de régulation.

Robert a nommé Gaspard et Cyrille pour travailler sur la rédaction d'un livret pour un client. Ils sont tous deux chargés de clientèle dans l'agence. Ils doivent travailler ensemble pour une banque publique. En effet, Gaspard est chargé des clients du secteur public et Cyrille de ceux du secteur financier. Gaspard est parti en vacances quelques jours. Pendant ce temps, Cyrille décide de convoquer une réunion avec le client et décide de recueillir le brief. À son retour, Gaspard, qui n'est pas au courant des avancées (« nous n'allons pas le déranger pendant ses congés », dixit Cyrille), croise Cyrille qui, très occupé, lui dit qu'il a « un peu » avancé sur le dossier et qu'il le tiendra vite informé. En réalité, Cyrille a déjà lancé les travaux de conception avec les créatifs. Cyrille explique un peu plus tard, pressé par Gaspard, que le client avait demandé la réunion en urgence, le travail devant être réalisé au plus vite. Il lui explique l'importance pour l'agence d'être réactifs. Robert, le chef, n'est pas informé du fait que Gaspard soit un peu mis « sur la touche », et qu'il le vive mal, mais Cyrille se débrouillera pour justifier que la nécessité d'aller vite l'a emporté sur une pleine collaboration avec Gaspard. Et puis, d'ailleurs, il n'y a pas lieu d'en faire un drame car il va s'assurer que Gaspard est bien dans la boucle dorénavant…

Malheureusement, Cyrille ne joue pas le jeu. Il faut toujours lui redemander quatre ou cinq fois les informations avant qu'il ne les transmette. Et devant le fait accompli, il a toujours une bonne raison de ne pas l'avoir fait : « Ah, j'ai oublié de te dire que j'avais fait une nouvelle réunion téléphonique avec le client », « Désolé, je ne t'ai pas mis en copie de l'e-mail que je lui ai adressé mais je te transfère sa réponse. » Gaspard, agacé, demande officiellement à Cyrille l'ensemble des comptes-rendus en mettant son responsable Robert en copie. Comme par hasard, quasi immédiatement, les informations arrivent accompagnées d'un e-mail cordial et généreux de Cyrille. Robert ne comprend donc pas Gaspard et son esprit de « mauvaise camaraderie » qui suspecte tout le monde du pire. Gaspard ronge son frein et se dit que Cyrille a bien su manigancer et se mettre son chef dans la poche. Ce dernier, ayant une entière confiance en Cyrille, lui a *d'ailleurs confié la gestion de l'ensemble des logiciels de PAO, de leur maintenance et des évolutions nécessaires pour produire les documents clients ; il a, qui plus est, la responsabilité des équipes qui travaillent sur les outils. Il est risqué alors, pour ses autres collègues, de se mettre en confrontation directe avec Cyrille et de lui reprocher ses mesquineries de territoire qui lui permettent de se mettre en valeur en permanence. Personne n'est dupe dans l'équipe, sauf Robert. Personne n'a confiance, sauf ce dernier qui n'y voit en effet que du feu.*

En charge des outils informatiques et des évolutions des nouvelles fonctionnalités, Cyrille a donc la responsabilité du développement des logiciels. On ne sait jamais ce qu'il en est des demandes qui ont été faites par les autres chargés de clientèle relatives aux besoins de leurs clients. Les besoins des clients de Cyrille sont, pour sûr, bien intégrés dans le cahier des charges d'évolution du SI. Il veille soigneusement à préserver l'accès aux informations et, ainsi, sacralise progressivement son pouvoir. Il déteste devoir rendre des comptes et se débrouille toujours pour noyer dans le flou les raisons d'un retard sur un projet pour des causes techniques. Cyrille souffle véritablement le chaud et le froid en manipulant la vérité. Son obsession permanente de vouloir capter l'attention et de se valoriser au nez et à la barbe de ses collègues le rend peu sympathique, et crée de la jalousie. L'accord tacite de son chef devient même insupportable pour ses collègues qui se sentent victimes d'iniquité et de favoritisme à son endroit. Un malaise s'installe. Beaucoup sont profondément agacés mais ne peuvent que ronger leur frein et en vouloir à leur chef d'avoir laissé la situation s'installer.

Robert est au contraire très satisfait de Cyrille qui est engagé, répond au doigt et à l'œil et est toujours partant, positif et dynamique. Cyrille veut tout faire pour faire plaisir au chef. Pourtant, les signaux faibles de mal-être existent : la confiance entre les membres de l'équipe est érodée. Mais gare à celui qui oserait se plaindre de Cyrille au chef : il générerait de l'incompréhension de la part du patron et serait immédiatement taxé de jalousie et de comportement anti-coopératif.

En y réfléchissant, la situation est confortable pour Robert bien que ses collaborateurs se sentent démotivés, et dépourvus face à cette préférence marquée pour un de leurs collègues. Ils souffrent en silence de ces manipulations courtisanes qu'ils vivent comme des injustices. Impuissants, les collègues ont tous besoin de Cyrille pour que le travail client soit réalisé, selon son bon vouloir.

Que faire ?

Le propre des courtisans est de s'épanouir dans des organisations très centralisées ou dans celles qui sont floues. Le courtisan mise sur la flatterie pour accroître son influence. Il va chercher dans le regard ou l'attitude de son chef la réponse qui lui fera plaisir. Plus l'organisation centralise les décisions au sommet, plus les dirigeants et les managers sont vulnérables à l'action des courtisans.

> 66 Le courtisan mise sur la flatterie pour accroître son influence.

Ces derniers ont l'art de pratiquer la dissimulation. Ils ont une tendance naturelle à cacher cette part de vérité qui est rugueuse, âpre, déplaisante à regarder et qui est présente dans toute situation. Ils développent avec emphase l'autre côté des choses : celui qui est facile à entendre et à considérer. C'est pourquoi ils sont à l'aise dans les organisations floues, c'est-à-dire celles dans lesquelles les responsabilités ne sont pas clairement définies, où leurs jeux trouvent des champs d'expression multiples.

Le propre des courtisans est de brouiller les pistes et, en fin de compte, d'orienter les choses dans le sens qui leur paraît le plus approprié pour attirer les faveurs de leurs chefs. C'est une attitude très dangereuse pour l'entreprise car, dans le monde complexe qui est le nôtre aujourd'hui, rien n'est simple.

Les entreprises sont confrontées à des exigences contradictoires qui viennent de leurs parties prenantes : actionnaires, salariés, régulateurs, pouvoirs publics, opinion publique… Le rôle des responsables, à tous les niveaux, est de trouver le point d'équilibre juste entre toutes ces exigences. Comment faire ?

Une condition nécessaire pour y arriver est de regarder tous les aspects du problème, en vérité, et de confronter les points de vue de tous ceux qui sont chargés de contribuer à la solution.

Si des jeux insidieux se glissent dans le processus, alors il y a de fortes chances que les conclusions des travaux soient biaisées. La conséquence est que les responsables sont amenés, à un moment donné, à prendre des décisions sur des éléments partiellement fondés, lorsqu'ils ne sont pas profondément erronés.

Dès lors, les conséquences peuvent être très graves pour l'entreprise. Rappelons-nous l'accident de British Petroleum dans le golfe du Mexique : outre les dommages considérables créés du point de vue de l'environnement, il a coûté près de cinquante milliards de dollars à BP. À l'origine, un conflit opposait un technicien recommandant l'acquisition d'un certain type de valve, sûre techniquement, à un responsable des achats porté sur les gains de coûts et recommandant l'achat de la même pièce chez un autre fournisseur pour gagner plusieurs dizaines de milliers de dollars !

D'où l'intérêt de veiller à l'analyse complète des vrais enjeux sans rien dissimuler ! Dans un autre domaine, celui de la politique, on voit bien comment les décisions, toujours très complexes, que doivent prendre les responsables sont instrumentalisées par toute une série de lobbies relayés par des courtisans de toutes sortes qui tentent d'influencer les décisions en leur faveur. N'est-ce pas là l'une des raisons de tant de dérives dans la gestion des affaires publiques ?

Dans l'entreprise, l'action des courtisans, outre le risque qu'elle fait prendre sur le contenu même de la décision finale, obère gravement le climat social et les relations entre les individus. Ceux-ci passent plus de temps à deviner les tactiques perverses des uns et des autres, à défendre leur territoire, et à imaginer des contre-feux, qu'à faire avancer les affaires. Les employés se retrouvent souvent dans des situations très inconfortables et perdent confiance. Ils sont partagés entre le découragement et le mimétisme.

Les courtisans sont partout. Et c'est dans la nature humaine qu'ils se perpétuent. Cependant, les entreprises ne sont pas démunies face à ce phénomène. À défaut de l'éradiquer complètement, elles peuvent en limiter la portée et les effets en adoptant des modes d'organisation et de gouvernance qui clarifient les rôles et les responsabilités, et un code de conduite mettant en avant les valeurs de vérité et d'exemplarité !

Philippe Gabilliet, professeur à ESCP Europe (Paris), auteur d'un *Éloge de l'optimisme. Quand les enthousiastes font bouger le monde* (Saint-Simon, 2010)

Existe-t-il des comportements managériaux qui détruisent, ou au contraire, induisent la Bienveillance au travail ?

L'idée à retenir ici est que les comportements des managers, sur ce point, ne sauraient être analysés d'un strict point de vue individuel, lequel conduirait à pointer du doigt l'attitude personnelle de tel ou tel acteur, indépendamment de l'environnement dans lequel il agit. Dans le fond, le monde du travail, en particulier dans l'organisation moderne rationnelle, n'est pas naturellement orienté vers une quelconque Bienveillance. La double exigence d'*efficacité* (atteindre avant tout des objectifs) et d'*efficience* (le faire dans une logique d'optimisation de toutes les ressources, dont l'argent et le temps) crée naturellement les conditions d'une pression psychologique – voire d'un inconfort relationnel – sur les individus et les équipes, pression et inconfort qui doivent faire l'objet d'une régulation, sous peine de voir proliférer divers dysfonctionnements, dont les RPS (risques psycho-sociaux) ne sont pas les moindres.

La culture de Bienveillance est au cœur de ce processus de régulation. En mettant sur le devant de la scène le confort du salarié, la qualité de la relation avec lui et le respect de ses besoins psychosociaux, on pose les bases d'une véritable culture managériale de Bienveillance visant à concilier performance et qualité de la relation humaine. Mais cette transformation ne se limite pas à une question d'attitude des uns et des autres. Elle renvoie aussi à une vision plus flexible des structures, des processus et des règles. De ce point de vue, la Bienveillance est avant tout une valeur collective en action et elle est incarnée – entre autres – par le manager, au même titre d'ailleurs que la confiance ou l'intégrité.

Dans le monde managérial, la Bienveillance est-elle liée à l'optimisme ?

Au sein de l'entreprise, il existe manifestement un lien entre l'attitude optimiste et la culture de Bienveillance, en particulier dans la relation entre le manager et ses collaborateurs. L'optimisme, au-delà du trait de caractère « positif » avec lequel on le confond souvent, est avant tout une attitude volontaire ; attitude faite d'une affirmation de confiance *a priori* dans l'autre et dans l'avenir, assortie de la conviction contagieuse que même en cas de difficultés ou de problèmes, on saura réagir et trouver des solutions. L'attitude bienveillante du manager optimiste découle directement de trois principes d'action bien connus qui, mis en œuvre au quotidien, vont permettre de vivre différemment la nécessaire pression liée à la double exigence d'efficacité et d'efficience.

1. En premier lieu, le manager optimiste décide de se focaliser en priorité sur les points forts de ses collaborateurs et de ses équipes, ce qui a pour conséquence d'accroître la confiance du groupe en ses propres possibilités.

2. En second lieu, il limite au maximum les comportements de rumination sur les problèmes qui échappent au contrôle des acteurs, en poussant plutôt chacun à réfléchir sur ses leviers d'action et ses marges de manœuvre.

3. Enfin, le manager optimiste est capable d'oublier temporairement les causes des problèmes pour se concentrer sur des solutions – ou plutôt sur des *réponses* – partielles mais efficaces, même si ces dernières ne sont que temporaires.

Partie III

Les temps modernes ou la machine à broyer

La Bienveillance relève toujours du domaine de la relation interpersonnelle parce qu'elle est d'abord attention à autrui. Mais l'environnement dans lequel les personnes évoluent peut être plus ou moins propice au développement d'attitudes bienveillantes. Trois types d'environnements influencent profondément les individus : l'environnement familial, l'environnement professionnel (en pratique dans les pays développés : l'entreprise) et l'environnement sociétal (en pratique : la communauté nationale à laquelle chacun appartient). Dans l'espace familial, la nature des relations qui s'installe entre les parents, entre les parents et chacun de leurs enfants, et entre les enfants eux-mêmes joue un rôle très important dans le rapport au monde, et donc aux autres, que chacun des membres de la famille va construire. Il en est de même dans l'environnement professionnel et dans l'environnement sociétal avec leurs cercles interpersonnels respectifs.

Aucun de ces trois environnements ne détermine de manière absolue la propension des hommes et des femmes à adopter ou non des attitudes de Bienveillance les uns envers les autres, car la Bienveillance ne procède d'aucun déterminisme. Mais chacun de ces environnements exerce une influence, positive ou négative, sur les individus qui en sont partie prenante : selon les cas, ils poussent ou non tout un chacun à la Bienveillance. En ce sens, on peut dire que la Bienveillance ne relève pas seulement du domaine des relations interpersonnelles. Les environnements familiaux et amicaux, professionnels et nationaux, ont un rôle à jouer dans l'émergence d'une culture de la Bienveillance.

> « La Bienveillance ne relève pas seulement du domaine des relations interpersonnelles.

Pour mieux s'en convaincre, il suffit de penser aux environnements politiques récents dans notre histoire, comme le nazisme et les dictatures communistes, qui ont favorisé l'inverse d'une culture de Bienveillance, c'est-à-dire une culture de défiance et de méfiance.

Tout ceci n'empêche pas que, même dans des conditions politiques extrêmes, des actes de Bienveillance subsistent, au risque même de la vie de ceux qui les ont initiés. Ainsi va l'humanité qui sait être sublime même dans les circonstances les plus atroces. Mais il reste que toute cette malveillance aura influencé, pour le pire, des millions d'hommes et de femmes qui, par intérêt ou par conviction, se seront fait les serviteurs ou les apôtres de ces systèmes.

Dans l'environnement professionnel en général et dans l'entreprise en particulier, il existe aussi des organisations qui n'incitent pas à la Bienveillance. Elles favorisent l'émergence de personnalités tyranniques, telles que nous les avons décrites précédemment (Partie II).

LES CONFIGURATIONS STRUCTURELLES ET « PSYCHOLOGIQUES » DES ORGANISATIONS

Les recherches en théorie des organisations sont nombreuses et instructives. Les travaux qui font référence en la matière sont les configurations structurelles de Mintzberg[1]. Le professeur de McGill en identifia cinq qui correspondent à des mécanismes de coordination spécifique. Celles-ci évolueront pour aboutir à huit grands types d'organisations :

- *l'organisation entrepreneuriale,* où les processus de travail et de contrôle sont en général peu formalisés et dans laquelle le travail est défini et organisé par un dirigeant au moyen d'une supervision directe ;

- *la bureaucratie mécaniste,* dans laquelle les processus de travail sont clairement formalisés, avec une division du travail par métier ou par fonction, une séparation nette entre l'opérationnel et le fonctionnel, et un pouvoir décisionnel relativement centralisé (le modèle des banques et des assurances) ;

---

1. MINTZBERG Henry, *Structure et dynamique des organisations,* Éditions d'Organisation, 1982.

- *l'organisation divisionnalisée,* dans laquelle le siège coordonne l'activité de chaque division qui doit développer un marché distinct. Le siège utilise alors des dispositifs de contrôle et de mesure de la performance des divisions très développés (le modèle des sociétés de services) ;

- *l'organisation matricielle,* qui vise à remédier aux défauts de communication et d'échanges entre les différentes unités d'une structure divisionnalisée en créant des structures transverses à toutes les divisions, généralement fonctionnelles ou par projet (le modèle des sociétés industrielles) ;

- *la bureaucratie professionnelle,* qui est une structure collégiale centrée sur l'expertise de ses membres et marquée par une forte décentralisation ainsi qu'une grande autonomie de ses membres (le modèle des cabinets de consultants, d'avocats, d'auditeurs) ;

- *les adhocraties,* où les structures évoluent en fonction des projets ou des besoins des clients ;

- *les organisations en réseau,* qui visent à fédérer des compétences complémentaires dans un souci de performance et d'adaptation aux évolutions de l'environnement (le modèle d'Uber) ;

- *les holacraties,* organisations coopératives structurées en cercles interdépendants et auto-organisés (le modèle de certaines sociétés Internet).

Aussi éclairantes que soient ces typologies pour mieux comprendre les organisations, François Dupuy nous invite à faire la distinction entre *structure* et *organisation.*

Selon lui, la *structure* permet de décrire l'entreprise. C'est la première perception que nous avons d'une entité avec l'ensemble de son arsenal réglementaire. La structure relève de ce qui apparaît en premier, ce qui permet de la mesurer et de la rendre tangible. La réalité de ce que produisent les salariés, la manière dont ils travaillent, négocient, mènent des projets et trouvent des solutions ne peut cependant pas être comprise dans la structure, ni dans les règles qui veulent la rendre plus explicite.

François Dupuy parle d'*organisation* pour décrire la manière dont les acteurs agissent au sein d'un système. L'organisation se trouve « derrière » la structure. L'entreprise n'existe pas dans les règles ou les normes mais dans la façon dont les acteurs vont s'en emparer pour fonctionner.

Les descriptions de Mintzberg décrivent en substance des structures, des modes de coordination et des processus, mais disent peu de choses de leur fonctionnement au quotidien et des arrangements entre acteurs qu'ils engendrent. Au sein d'une même entreprise, on peut avoir des structures bien différentes et la même organisation « derrière[1] » ces structures ; de la même manière, des organisations radicalement différentes peuvent exister derrière des structures identiques.

Selon l'auteur, cette confusion pousse certains dirigeants à travailler davantage à changer ce qu'il est aisé de voir concrètement : les règles et la structure, sans se soucier du mode de raisonnement des acteurs/salariés et de la manière dont ceux-ci vivent l'organisation. Ce questionnement en profondeur amène ainsi à s'interroger sur la raison d'existence de l'organisation, ses valeurs intrinsèques, ses modes

---

1. DUPUY François, *La faillite de la pensée managériale*, Seuil, 2015, page 31.

de représentations collectives, le fonctionnement de ses acteurs et les relations qu'ils nouent entre eux.

Ce détour nous est nécessaire pour présenter ici une tentative de simplification de la réalité, complémentaire des typologies scientifiques universitaires. Nous tenterons de nous focaliser sur trois types d'organisations : les hyper centralisées, les hyper compétitives et les floues. Cette classification met l'accent sur la répartition du pouvoir, les rôles et les responsabilités des acteurs, et les relations interpersonnelles entre les membres de l'organisation.

Chapitre 9

Les organisations hyper centralisées

Le propre de ce type d'organisations est d'instrumentaliser la personne au profit de l'organisation elle-même. Ainsi, dans ce schéma, la personne est réduite à sa capacité d'obéissance. Le manager considère qu'il commande, mesure et contrôle. Le reste des collaborateurs doit appliquer à la lettre et sans contester les décisions prises. Les employés sont avant tout considérés comme des ressources anonymes et interchangeables. Le risque principal de ce type d'organisations est celui de l'autoritarisme, voire celui de la tyrannie.

> 66 Dans le schéma des organisations hyper centralisées, la personne est réduite à sa capacité d'obéissance.

L'histoire regorge d'organisations créées par des entrepreneurs autoritaires qui ont gardé les pleins pouvoirs et ont ainsi créé des cultures de la tyrannie où ils continuaient à avoir « droit de vie ou de mort » sur leurs collaborateurs. Ces organisations se caractérisent par l'apparition de nœuds où tout le pouvoir est centralisé.

Gérard, fondateur d'une entreprise de vente de matériel publicitaire, aime passer sa vie dans son entreprise. L'entreprise grande de plus de 1 500 collaborateurs est l'un des premiers fournisseurs d'objets promotionnels pour les entreprises travaillant dans la grande distribution. Après des études de commerce, il s'est lancé dans cette aventure avec son frère Jean-Michel. Les premières années furent laborieuses mais les deux frères, partis de rien, ont réussi à établir leur marque sur ce marché très concurrentiel où les annonceurs ne cessaient de tirer les coûts à la baisse. Leur renommée et leur position quasi monopolistique leur ont permis de résister. Cependant, depuis quelques années, l'entreprise n'arrive plus à grossir et de nouveaux acteurs leur prennent non seulement des parts de marché, mais « chassent » également leurs meilleurs collaborateurs. Gérard et Jean-Michel continuent à décider de tout : prix des articles, sourcing auprès des fournisseurs, événements marketing, investissements, ventes, recrutement des collaborateurs à tous les niveaux… Ils centralisent toutes les décisions. Après de multiples interventions de leur conseil d'administration, ils acceptent de déléguer une partie de leur pouvoir aux membres de leur comité de direction. Cependant, au lieu de libérer l'énergie et l'enthousiasme de leurs troupes, et de répartir le pouvoir à l'ensemble des strates hiérarchiques, les décisions restent centralisées à leurs n-1 qui, par peur de se mettre en porte-à-faux, laissent en fin de compte le pouvoir aux deux patrons. Les employés ne sont bons qu'à exécuter les ordres.

Dans un autre genre, les bureaucraties mécanistes, où tous les processus de travail sont formalisés à outrance, ne favorisent pas l'engagement des salariés. Elles sont le terrain de jeu des petits chefs légitimés par leur maîtrise centralisée du pouvoir et des règles de fonctionnement de l'organisation. Si, à l'origine, la bureaucratie cherchait la clarté des périmètres et des rôles[1], elle a contribué à créer des structures qui privilégient la sécurité du périmètre mais empêchent la coopération : « Le principe fondateur de cette organisation est que, si chacun à sa place fait correctement ce qu'il a à faire, le résultat ne peut être que positif. Mais surtout, l'acteur est protégé contre ce qui lui est le moins naturel, le plus difficile, le plus coûteux

---

1. ROJOT Jacques, *Théorie des organisations*, Eska, 2004.

humainement parlant : coopérer avec les autres[1] ». La dérive de ce type d'organisations est par conséquent de centraliser le pouvoir, d'empêcher la coopération, et de s'opposer ainsi au principe de subsidiarité qui renforce le sentiment d'utilité et de compétence (comme nous le verrons plus tard au chapitre 12).

Dans cette entreprise d'assurances qui se lance dans la banque, les directeurs de clientèle n'ont que très peu de marge de manœuvre. Les décisions sur les montages pour des opérations de crédit ou de financement de leurs clients « grande entreprise » sont entièrement centralisées. Ils n'ont qu'un rôle de preneurs d'ordre. Leurs responsabilités sont cantonnées à présenter les produits et à rédiger des propositions commerciales. Il en est de même dans les services financiers aux particuliers dans les agences : les directeurs des unités opérationnelles ne pilotent pas les stratégies d'octroi de crédit. Toutes les décisions sont centralisées au niveau des directions régionales. Toutes les agences sont limitées à un rôle d'exécution. Les opérateurs se sont habitués à cette situation. Ils savent que leur chef n'a aucun pouvoir.

Ce type d'organisations génère un désengagement très fort. D'ailleurs, les études montrent que le taux le plus fort de désengagement se trouve dans les administrations publiques qui, à force d'avoir segmenté les tâches et d'avoir supprimé la capacité d'autonomie et de décision des individus pour les confiner dans des postes d'exécution, ont contribué à générer en leur sein dépression et anxiété.

> " Ce type d'organisations hyper centralisées génère un désengagement très fort.

---

1. DUPUY François, *Le client et le bureaucrate*, Dunod, 1998, page 72.

Il n'y a pas que les administrations publiques pour pousser à l'extrême le principe de centralisation. Dans les nouvelles technologies et la distribution sur Internet, certaines entreprises ont mis en place des systèmes centralisés de contrôle et de métrique qui réduisent le collaborateur à sa seule dimension productive. Une touche de coercition, une culture du sacrifice pour l'entreprise, la peur de quitter une marque phare, suffisent à ce que le travail ressemble rapidement à un asservissement plutôt qu'à un lieu d'épanouissement.

En résumé, dans l'organisation hyper centralisée :

- La philosophie de management est celle du *control and command* où les employés sont avant tout des exécutants, essentiellement anonymes et interchangeables.

- Le risque principal de ce type d'organisations est celui de l'autoritarisme, voire de la tyrannie.

- La dérive ultime de ces organisations est qu'elles deviennent la finalité alors qu'elles ne sont qu'une modalité. Leur développement et leur préservation absorbent une quantité de ressources de plus en plus grande. Réduits à l'état d'exécutants, les collaborateurs ne perçoivent plus le sens de ce qu'ils font. Ils se désengagent. La performance globale de l'organisation s'essouffle. Elle devient de moins en moins compétitive avec des collaborateurs de moins en moins heureux.

Chapitre 10

Les organisations hyper compétitives

Certaines organisations, souvent reconnues dans leur métier, se sont bâties sur le principe de la confrontation. Malgré la souffrance réelle des collaborateurs attirés par le prestige de ces enseignes, les bataillons de diplômés vont s'y former pour renforcer leur CV. Ces organisations hyper compétitives en interne, dont certains leaders dans le conseil, la banque d'affaires, ou encore les métiers des marchés financiers, sont réputées pour ne garder que les « meilleurs », la « crème de la crème ». Jack Welch, le mythique leader de General Electric, a réussi à créer une entreprise où, quelles qu'aient été les réalisations individuelles, être dans les 15 % les moins « performants » équivalait à prendre la prochaine charrette. Les organisations qui ont pour mot d'ordre d'être les meilleures sur leur marché foisonnent autour de la planète : elles ont sciemment organisé la sélection des *best and brightest* (« les meilleurs et les plus intelligents »), afin de ne garder que l'élite au fur et à mesure que progresse leur carrière. Dans ce système, il n'y a pas de droit à l'erreur.

Si les règles sont claires et que tout a été organisé pour que, dans le critère performance, soit inclue la qualité de l'entraide et de la coopération, alors on ne pourrait trouver que des vertus à un système tourné vers l'efficacité et qui cherche à préserver la qualité des relations humaines. Mais ce type d'organisations génère deux écueils : d'une part, la sur-compétition interne, et d'autre part, le développement d'une culture de la confrontation. Les classements se succèdent pour comparer les *business units* et les résultats. La pression est donc maximum pour faire mieux que le voisin. La coopération et l'attention à l'autre sont par conséquent rares et individuelles. Le « moi d'abord » prime. Il faut toujours être au top.

> **Dans les organisations hyper compétitives, la confrontation l'emporte sur la coopération.**

La confrontation l'emporte sur la coopération. Au départ, on pensait que la confrontation favoriserait la créativité et inviterait au dépassement. Mais le sentiment d'être sur un siège éjectable pousse inconsciemment les collaborateurs à adopter des attitudes conformistes peu favorables à l'innovation. L'hyper compétition provoque l'isolement des salariés et génère en fin de compte du mal-être et de la souffrance.

Ce matin, Maxime se lève la boule au ventre. Il a peu et mal dormi. Éveillé jusqu'à 1 heure du matin pour finir et apprendre par cœur ses slides, *le chef de production a révisé, en boucle, sa présentation. Demain, il passe en comité national de production devant les directeurs des* business units. *Rien ne lui sera concédé. Chacun des grands directeurs aura plaisir à briller par son intelligence et sa maîtrise du sujet pour marquer son territoire devant ses collègues, prédateurs carnassiers, et également pour légitimer leur position. Ils feront ainsi des remarques caustiques afin d'être décapant à souhait. Maxime sait qu'il déjeunera seul à la cantine si la présentation ne se passe pas bien et qu'il n'aura alors plus que quelques mois pour se « refaire » au risque d'être étiqueté comme un « looser » et devoir, à plus ou moins long terme, quitter le navire.*

Dans ce type de cultures et d'organisations, il n'existe pas de sentiment de protection entre les collaborateurs qui se voient avant tout comme des rivaux. Si la réalité du monde professionnel apprend souvent dans les adages populaires que les collègues sont avant tout des collègues et qu'au bureau « il n'y a pas d'amis », des recherches récentes tendent à montrer que la qualité d'innovation d'une entreprise repose sur sa capacité à créer un « capital émotionnel[1] ». Quy Huy, professeur à l'Insead, a développé ce concept autour de quatre dimensions : l'authenticité, le plaisir, la fierté et l'attachement, au sens du lien social à l'organisation et aux collègues (la capacité à être vrai, le plaisir que les collaborateurs ont à travailler tous les jours, leur fierté à s'identifier à l'organisation, et enfin, les liens sociaux qu'ils ont pu nouer et qui peuvent servir de protection contre les vicissitudes de la vie). Au cœur de ces recherches, se trouve réhabilitée l'intégrité du collaborateur, sa capacité à être considéré comme une personne adulte, autonome dans ses actions et capable de se lier d'affection avec ses collègues dans une logique de coopération, d'entraide et de soutien, et pas uniquement de conflit et de compétition. La notion de protection est centrale dans le capital émotionnel. Les grands managers réussissent à créer des protections autour de leurs équipes pour que les choses puissent être dites sans crainte, que les relations de travail se fluidifient et que du plaisir naisse dans l'échange entre pairs.

Au contraire, dans certaines organisations hyper compétitives, écraser l'autre est permis puisque seule la réalisation du meilleur objectif compte.

---

1. HUY Quy, MINTZBERG Henry, *The rhythm of change*, MIT Sloan Management Review, volume 44, numéro 4, 2003.

Franck est maintenant un ancien de la salle de marchés. Trader confirmé, il a gagné la confiance de son chef progressivement alors qu'il n'est pas ingénieur mais issu de l'université. Dans cet univers où les modélisations sont clés pour optimiser les positions financières et maximiser les performances des portefeuilles boursiers, les mathématiciens sont aux manettes. Malgré ces contraintes, à force d'abnégation, il a grimpé dans la hiérarchie et gère une petite équipe de traders. Mais voilà qu'il est annoncé que son entreprise a racheté un concurrent. Le nouveau patron de l'entité affiche la couleur. Il veut de la rentabilité et seuls les meilleurs resteront. Il voit alors débarquer de l'autre entreprise Bruno, un de ses anciens camarades de promotion. Franck accepte amicalement sa proposition de prendre un café. À cette occasion, Bruno n'y va pas par quatre chemins. Il lui dit droit dans les yeux : « Je vais te bouffer mon ami. Que le meilleur gagne ! » Franck, décontenancé, pourtant habitué à la rudesse de l'environnement, n'en revient pas. Il sait simplement que la compétition ne gardera que le plus « performant ».

Dans cette logique de compétition à outrance, certaines entreprises ont fait le pari d'un haut niveau de rotation du personnel, de « turnover » comme on dit couramment. Le personnel est considéré comme de la chair à canon. Dans cette logique de rentabilité, peu importe les conséquences sociales et humaines : les collaborateurs se font licencier au bon vouloir des patrons. Il faut performer, plaire, négocier des marges de manœuvre et obtenir des « résultats ». Gare à celui qui ne rentre pas dans cette logique, il ne restera pas longtemps.

Laure, la récente DG d'une boîte de placement d'ingénieurs, a été débauchée à prix d'or d'un ministère où elle était haut fonctionnaire. L'entreprise misait sur son carnet d'adresses pour décrocher des nouveaux contrats dans le secteur public. Le choc culturel fut rude. À son arrivée, on lui demanda de licencier trois de ses nouveaux collaborateurs pour manque de performances. L'entreprise provisionnait chaque année 15 % de sa masse salariale pour indemniser ses collaborateurs licenciés. Laure constata que ses collaborateurs obéissaient au doigt et à l'œil mais n'avaient aucune confiance ni en l'entreprise ni en ses dirigeants.

Alors, émulation ou compétition interne acharnée ? Pour bien fonctionner, un système coopératif doit développer un capital de sympathie et d'empathie envers ses membres. En effet, seul ce capital crée le désir de coopérer, sans lequel il n'y aura même pas le début d'une collaboration.

À l'inverse, l'hyper compétition développe une culture de méfiance et de défiance qui est antinomique de la culture de coopération.

Malheureusement, certains managers favorisent l'hyper compétition plutôt que le développement de l'entraide. Ils tombent rapidement dans les excès des classements dans lesquels ceux qui sont en tête sont en vert et les « retardataires » en rouge. Cette tension peut stimuler et inviter au dépassement pour certains types de profils (par exemple, des commerciaux galvanisés par l'adrénaline de la compétition) mais cela aura sans doute pour conséquence d'épuiser les collaborateurs dans des organisations aux profils plus divers.

Dans ce cas, la culture de l'entreprise décline progressivement vers le secret, et le repli pour créer des territoires hermétiques au partage des *best practices*, sel de l'émulation, de la confiance et du soutien.

Dans cette entreprise de vente de logiciels et d'infrastructures informatiques, la pression est maximale. Chaque fin de mois sort le classement des vendeurs. Les cinq premiers toucheront une prime et un bonus. Les cinq derniers n'ont que quelques mois pour se

« refaire ». S'ils occupent cette position dans le classement encore deux fois, ils seront licenciés. Les règles sont claires. Les résultats de l'entreprise sont au rendez-vous. La pression rend difficile la camaraderie entre les employés qui savent que la rudesse du monde dans lequel ils évoluent leur permet de toucher de bons salaires et des parts variables substantielles. Pourtant, peu veulent y rester. Cette vie est incompatible avec une vie de famille. Il n'est pas toujours très amusant d'être en permanence sur le gril et de vivre une pression continue de la part des collègues et de la hiérarchie.

Notre idée n'est pas d'opposer la « saine compétition » à la coopération. Cela serait illusoire et loin de notre propos. L'émulation n'est pas contradictoire avec la coopération. Encore faut-il que les formes dans lesquelles s'exprime cette émulation ne soient pas caricaturales. Ceci est parfaitement possible si l'entreprise se donne la peine d'afficher des valeurs qui ne se résument pas à la performance et qu'elle sait mettre en place des modes de fonctionnement qui mettent en pratique ces valeurs.

Ainsi, dans des environnements professionnels connus pour leur exigence soutenue et la recherche de performance, l'attribution d'un bonus peut tout à fait aller de concert avec la notation par les pairs et les n–1 sur les critères que sont la coopération et l'entraide. Ces valeurs sont mises en avant dès le recrutement des collaborateurs. Si l'impératif de l'atteinte des résultats est toujours apprécié sur une base individuelle, dans un système de valeurs coopératif, tout le monde peut être « en vert ». On peut ainsi créer les conditions d'un système où se serrer les coudes aide à être dans la performance.

> **" Il est possible de créer les conditions d'un système où se serrer les coudes aide à être dans la performance.**

En résumé, dans l'organisation hyper compétitive :

- Les modes de reconnaissance tiennent à la réussite dans l'atteinte et le dépassement des objectifs. La philosophie de management privilégie l'efficacité avant tout.

- Par conséquent, les employés doivent se dépasser pour montrer en permanence qu'ils sont meilleurs que le marché et meilleurs que leurs collègues. Chacun est en concurrence avec tous les autres.

- Le risque associé à l'organisation hyper compétitive est celui de la dislocation du collectif sous la pression de la performance et de l'épuisement des troupes.

- La dérive ultime de l'organisation hyper compétitive est un individualisme forcené qui finit par l'emporter sur la part de collectif que revêt toute culture d'entreprise.

Chapitre 11

Les organisations floues

Il est sans doute peu académique de parler d'organisation « floue ». Nous entendons par là désigner le fonctionnement d'une équipe où les périmètres d'action sont flous, où les décisions tardent à être prises, où le chef préfère laisser « pourrir » certaines situations.

Lucas est à la tête d'une équipe d'une trentaine de personnes en charge de fournir des services d'outsourcing informatique. Il a en management direct sept personnes. Très agréable avec tout le monde, il est très empathique et a une réelle affection pour ses collaborateurs. Cependant, son aversion profonde pour le conflit lui rend difficile toute prise de décision managériale. Il peine à définir les périmètres de ses collaborateurs car il craint de fragiliser la collaboration, et surtout, de vivre une tension relationnelle insupportable pour lui. Après tout, ils sont assez grands pour se réguler eux-mêmes. Lucas, même s'il sait que les procédures et les règles ne sont pas suffisantes pour favoriser la coopération, oublie qu'établir des principes de collaboration et clarifier les responsabilités favorise l'engagement, l'entraide et diminue les conflits. En réalité, tout le monde navigue pour obtenir en catimini les projets et agrandir son périmètre puisque rien n'est vraiment éclairci sur le « qui fait quoi ». Celui qui se rend indispensable pour Lucas sera gratifié des projets les plus intéressants. Bref, la confiance entre collègues diminue et c'est à celui qui saura le mieux « naviguer ».

Le flou organisationnel peut résulter de plusieurs facteurs : l'indécision d'un manager, l'incapacité pour de multiples raisons de définir les périmètres et de délimiter les rôles et responsabilités, ou encore le but inavoué de diviser pour mieux régner en entretenant l'imprécision afin que les collaborateurs finissent par intriguer pour capter le maximum de ressources et ainsi augmenter leur influence et leur pouvoir.

> **" Les organisations floues se caractérisent par le jeu obsessionnel des collaborateurs à créer des coalitions.**

Ce type d'organisations se caractérise par le jeu obsessionnel des collaborateurs à créer des coalitions pour influencer et gagner du pouvoir. Il serait naïf de penser que ce phénomène n'est propre qu'aux équipes et aux organisations que nous avons qualifiées de « floues » mais le trait est ici particulièrement exacerbé. Il s'agit de constituer des réseaux afin d'influencer l'organisation dans le sens que l'on souhaite. On qualifiera ainsi le contexte de « politique », au sens où les décisions ne semblent pas toujours découler d'une logique rationnelle, objective et basée sur des faits observables, mais davantage sur des arrangements entre complices.

Les employés sont moins reconnus pour leurs compétences professionnelles que pour leur habileté à manœuvrer, c'est-à-dire leur capacité à rejoindre les meilleurs réseaux, à louvoyer pour obtenir les missions les plus intéressantes. Les décisions d'affectation des projets se feront par exemple moins sur des critères factuels mais sur les conséquences de relations et de pactes négociés qu'ils auront réussi à nouer avec leurs pairs et avec leur management.

Un temps considérable est donc passé à intriguer plutôt qu'à travailler, c'est-à-dire à produire pour le bien de l'entreprise : « Tout le temps que tu passes à travailler, tu ne le passes pas à gérer ta carrière. » Ce genre d'organisations est à l'opposé de la vision de gestion des ressources humaines de l'actuel PDG de Google, Sundar Pichai, qui affirme qu'il s'est toujours préoccupé de bien faire son travail plutôt que de gérer son destin.

Dans ce type d'organisations, la part de la subjectivité prend une place considérable, gommant la réalité des faits et la réalité des compétences. Malheureusement, les employés deviennent cyniques, n'hésitent plus à se faire des coups tordus, à propager la rumeur, à médire, puisque tout devient image plutôt que réalité, avec le sentiment que les décisions sont prises à la tête du client. Sans l'afficher clairement, ils en arrivent à adopter des postures prédatrices pour devenir incontournables sur des projets ou des sujets pourtant très importants pour l'entreprise.

Le risque associé est donc celui de la confusion et de l'ambiguïté qui conduit systématiquement à l'émergence d'une culture très hypocrite, voire mensongère. C'est l'une des pires cultures d'entreprise qui soit. Les organisations floues génèrent ainsi une série de comportements qui détruisent la confiance dans l'équipe et empêchent que se développe la Bienveillance entre les membres d'un collectif.

> **L'organisation floue est l'une des pires cultures d'entreprise qui soit.**

Alain est à la tête du centre de services partagés nouvellement créé. L'entreprise lui a donné l'autorisation de rassembler au sein d'un même ensemble des départements « supports » disséminés dans le groupe. Pourtant aguerri aux méthodes de rationalisation de processus après des années en cabinet de conseil, il confie à plusieurs experts internes des missions aux périmètres peu définis :

un collaborateur sera en charge de recenser les compétences, un second de réduire et de rationaliser les coûts, un troisième de développer de nouvelles procédures de fonctionnement, un quatrième de développer la posture de services des collaborateurs, et enfin un cinquième devra coordonner le tout. En plus, il adjoint aux directeurs des départements, des secrétaires généraux, pour aider à la mise en place de ces nouveaux programmes. Les collaborateurs désignés, au début heureux de leurs nouvelles affectations, commencent avec le temps à avoir du mal à se positionner dans leur entité et à définir leurs interactions entre eux. Les programmes étant en interdépendance les uns avec les autres, les processus de fonctionnement et les responsabilités tellement flous, que les experts et les secrétaires généraux sont régulièrement en friction et en conflit. Après cette période d'ajustement, plutôt que de se disputer, ils finissent par préférer ne partager que le minimum d'informations et cessent ainsi de collaborer. En préférant les sourires de façade, ils s'économisent la pénibilité des conflits qu'ils savent inutiles. Une culture de méfiance et d'hypocrisie se développe.

En résumé, dans l'organisation floue :

- le jeu « politique » des individus l'emporte sur les logiques objectives de l'entreprise ;

- les tempéraments les plus habiles, les plus courtisans, voire les plus cyniques, sont favorisés par rapport aux autres ;

- l'imprécision finit par générer de la confusion et des conflits inutiles qui absorbent une part significative de l'énergie de l'entreprise ;

- les collaborateurs ont tendance à se désengager, à se replier sur eux-mêmes ou à quitter l'entreprise.

La description rapide et volontairement caricaturale de trois formes d'organisations des entreprises a pour but de révéler le type de dynamique négative qui peut s'installer, volontairement ou non, dans la vie quotidienne de l'entreprise.

Il est à noter que la description de ces trois formes d'organisations et de leur fonctionnement s'observe aussi bien au niveau d'équipes restreintes avec peu d'effectifs qu'au niveau de l'entreprise tout entière. Il n'y a pas qu'une seule culture dans les entreprises, en particulier dans les grandes.

Ces formes d'organisations sont à l'opposé de la culture de Bienveillance, car leur principe est d'instrumentaliser la personne au profit de la culture ambiante. Ainsi :

- dans la culture hyper centralisée à tendance autoritaire, la personne est réduite à sa capacité d'*obéissance* ;

- dans la culture de l'hyper performance, la personne est réduite à sa capacité à *se mesurer aux autres* ;

- dans la culture floue, la personne est réduite à sa *capacité manœuvrière*.

Évidemment, dans toutes ces organisations, dans toutes ces équipes, la Bienveillance n'est pas interdite à des degrés divers et variés. Mais elle n'est pas suscitée par la culture ambiante. Elle devient le fait de personnes isolées qui font tout ce qu'elles peuvent pour compenser ce que l'organisation n'engendre pas par elle-même.

PR Bernard Ramanantsoa, directeur général honoraire d'HEC Paris et auteur d'*Apprendre et oser* (Albin Michel, 2015)

Pouvoir et Bienveillance : un faux oxymore

Associer ces deux mots apparaît pour le sens commun comme un oxymore, ou pire, comme une provocation. Si, avec Weber[1], on considère que « le pouvoir, c'est le monopole de la violence légitime », reconnaissons en effet que les termes de *Bienveillance* et de *pouvoir* peuvent paraître antinomiques.

Prenons cependant le temps de faire quelques détours, par la *confiance* et l'*identité*[2].

On se souvient qu'une organisation est la mise en commun de ressources dans le but de produire une offre supérieure, par sa qualité ou son coût, à ce que l'on pourrait acheter sur le marché. Le problème central est alors celui de la coopération entre les différents collaborateurs de l'organisation. Cela ne va pas de soi : les agents peuvent développer des stratégies individualistes. On peut certes prévoir des contrats ou mettre en place des procédures. Mais il y a plus économique : construire des relations de *confiance* entre les collaborateurs et l'entreprise. Les asymétries d'information et de *pouvoir* seront alors moins risquées et « le monde sera plus simple ».

Mais on le sait depuis Simmel[3], la *confiance* implique une dose de « pari sur l'autre », de « lâcher-prise[4] ». L'agent suspend provisoirement l'impératif de « doute raisonnable ». Si

---

1. WEBER M. (traduction de FREUND J.), *Le savant et le politique*, Plon, 1963 (1959 pour l'édition originale).

2. Nous reprenons ici une analyse développée dans REITTER Roland, RAMANANTSOA Bernard, *Confiance et défiance dans les organisations*, Economica, 2012.

3. SIMMEL G., *Sociologie. Études sur les formes de la socialisation*, Quadrige, PUF, 2013.

4. Ce que Simmel appelle *Aufhebung*.

son partenaire lui rend la pareille, la collaboration peut s'approfondir au fil du temps. Sinon, on reste dans une arène politique. Et c'est là qu'on peut discerner l'importance de la *Bienveillance*. De nombreux auteurs[1] ont montré que la Bienveillance était (avec les compétences techniques et l'honnêteté intellectuelle) un des trois piliers de la *confiance*. Dans une approche plus générale, Ricœur va plus loin, considérant que la Bienveillance se caractérise par un dépassement de la réciprocité et de la règle : « La sagesse pratique consiste à inventer les conduites qui satisferont le plus à l'exception que demande la sollicitude en trahissant le moins possible la règle[2]. »

Et c'est là qu'avec Simmel et Ricœur, on peut proposer une articulation entre Bienveillance et pouvoir. Dans toute entreprise, il existe une structure hiérarchique, et c'est à ceux qui exercent le pouvoir de construire le système qui permettra l'*Aufhebung*, source de Bienveillance et de confiance.

C'est ici que nous sera utile le concept d'*identité narrative*[3]. Les organisations, les entreprises ont une *identité*. Celle-ci n'est pas, comme le prétend la vulgate managériale, un simple empilement de valeurs plus ou moins partagées[4]. Sa nature est celle d'un récit, dont les épisodes sont fournis par l'action quotidienne réelle et par ce que les dirigeants en disent pour lui donner une cohérence, une spécificité et une continuité temporelle. Le réel étant toujours plus riche et contradictoire que le discours que l'on tient sur lui, le leader devra sans cesse reformuler la narration pour la réinterpréter.

Cette narration « élaborée et dite » par celui qui a le pouvoir se doit d'avoir une dimension essentielle pour notre

---

1. Voir en particulier MERCIER G., *La bienveillance organisationnelle, comme motif de coopération, au-delà des règles et des rôles. Trois essais*, thèse de doctorat en gestion, université Paris I, ESCP Europe, 2016.
2. RICŒUR P., *Soi-même comme un autre*, Seuil, 1990.
3. RICŒUR P., « L'identité narrative », *Esprit*, numéro 140/141 (7/8), juillet-août 1988.
4. REITTER R., RAMANANTSOA B., *Pouvoir et politique. Au-delà de la culture d'entreprise*, Mc Graw-Hill, 1985.

propos : l'altérité, aurait dit Ricœur, c'est-à-dire le souci de l'autre, la Bienveillance. Pour dire l'*identité collective*, elle doit en effet répondre à la question suivante : qui sommes-nous collectivement ?

Nous arrivons au point le plus crucial de notre propos. Cette narration sur l'identité collective est indispensable, mais il ne résout pas la question de départ, celui de la Bienveillance, celui de l'*Aufhebung*. La réponse tient en deux dimensions.

Il faut d'abord que le leader réussisse à être le garant de sa propre action. C'est là son défi : comment être à la fois le narrateur de l'identité collective rêvée, celui qui détient le pouvoir, et celui qui garantit équité et justice, Bienveillance, dans le réel de l'action ? Comment convaincre qu'on n'abusera pas de sa position en étant à la fois juge et partie ?

Il faut pour cela qu'il parvienne à construire une reconnaissance mutuelle par un processus de don/contre-don. Il faut qu'il reconnaisse fondamentalement les droits et les capacités de ceux qu'il dirige. Il a certes la capacité d'agir et de dire l'identité collective, mais cette distinction le lie aux autres. Il doit apparaître, au-delà des mots, comme étant au service de quelque chose qui le dépasse et s'impose à lui comme aux autres. Pour le montrer, il doit prendre le risque de donner avant de recevoir et mettre en scène les obligations réciproques ainsi créées entre lui et ses subordonnés.

Peut-être peut-on essayer de synthétiser cette réflexion sur le lien entre Bienveillance et pouvoir en revenant à Ricœur : « La Règle d'or serait sans cesse tirée dans le sens d'une maxime utilitaire dont la formule serait *do ut des*, "je donne pour que tu donnes". La règle : "donne parce qu'il t'a été donné", corrige le "afin que" de la maxime utilitaire et sauve la Règle d'or d'une interprétation perverse toujours possible[1]. »

1.　Ricœur P., *Amour et Justice*, Seuil, 2008.

RENVERSER LA VAPEUR ET AGIR POUR DIFFUSER LA BIENVEILLANCE

Partie IV

À la recherche de l'organisation bienveillante

Une culture de la Bienveillance est une culture qui incite chacun à porter un regard bienveillant sur autrui. Un regard bienveillant est un regard qui priorise le positif sur le négatif, l'encouragement sur la critique et le questionnement sur la condamnation.

Une culture de Bienveillance est donc une culture qui place en priorité le positif, l'encouragement et le questionnement dans le rapport aux autres et au monde qu'elle souhaite promouvoir.

Aucune organisation ne garantit en soi la culture de la Bienveillance, mais certains principes la favorisent plus que d'autres : la subsidiarité et la responsabilité notamment,

mais également la clarté des territoires d'action des individus et la gestion de l'émulation collective.

Le principe de subsidiarité

La subsidiarité est le principe selon lequel il ne faut jamais faire remonter au niveau supérieur une décision qui peut être prise au niveau inférieur.

Ce principe, simple à exprimer, est difficile à mettre en œuvre en réalité. Très peu d'organisations, en pratique, sont subsidiaires. Les administrations sont, par essence, hyper centralisées : toutes les décisions remontent au sommet. C'est le contraire de la subsidiarité.

> « Il ne faut jamais faire remonter au niveau supérieur une décision qui peut être prise au niveau inférieur.

Les entreprises n'échappent pas non plus à la tendance très actuelle d'une centralisation excessive. Cela résulte de la multiplication des structures de siège qui tendent à ramener à elles toutes les décisions et dessaisissent ainsi les niveaux inférieurs de l'exercice de leurs responsabilités.

Pourtant, le principe de subsidiarité est le plus sain qui soit car il intègre en lui-même ces deux très hautes vertus comportementales que sont le respect des compétences de l'autre et la reconnaissance de sa capacité de jugement et de décision.

Une organisation subsidiaire est donc une organisation qui, mieux que les autres, respecte les hommes et les femmes qui en font partie car elle suscite chez eux l'exercice de leurs compétences, les encourage à prendre des décisions et les pousse à s'interroger sur eux-mêmes et sur leur environnement.

Une organisation subsidiaire tend à accroître les compétences et les qualités humaines des personnes qui la composent. Elle forme naturellement ses propres élites. Elle est donc à même de produire, dans le temps long, de meilleurs résultats.

Dans une organisation subsidiaire, le niveau supérieur est délesté de toutes les tâches et décisions innombrables qui se font ou se prennent aux niveaux inférieurs : le niveau supérieur est donc disponible pour donner le sens, définir la stratégie et agir en soutien des niveaux inférieurs pour les aider et les encourager dans leurs travaux.

Dans ce type d'organisations, la hiérarchie est autant au service des niveaux d'en dessous qu'elle ne les instruit ou les commande.

Ainsi peuvent s'établir des rapports équilibrés entre les personnes, fondés sur de véritables échanges entre elles, dans le respect de leurs responsabilités respectives.

Christina, chef de projet en ingénierie de formation, crée des programmes en ligne pour ses clients. Ses formations vendues à de grandes entreprises seront visionnées par des milliers de collaborateurs. Experte reconnue, elle est confortée par les règles établies avec son chef qui estime que le principe de subsidiarité lui permet de se focaliser entièrement sur la conquête de nouveaux clients et le développement de l'entreprise pendant qu'elle est en charge de la production. Les décisions sur les contenus sont donc entièrement prises à son niveau puisqu'il n'est pas absolument nécessaire de les faire remonter au niveau supérieur. Ce principe suppose donc de choisir avec beaucoup de rigueur les collaborateurs qui auront le pouvoir d'appuyer sur le bouton de validation.

Dans cette organisation, les collaborateurs ont été recrutés pour leurs compétences sur un domaine précis qu'ils maîtrisent mieux que leurs supérieurs, ce qui les rend capables de prendre les décisions sur les contenus.

Malheureusement, le principe de subsidiarité est souvent mis en échec. Il y a principalement trois raisons à cela.

La première est que le collaborateur en charge de la mission n'a pas le niveau suffisant. Dans ce cas, plutôt que de faire remonter la décision au niveau supérieur, d'où elle ne redescendra jamais, il vaut mieux faire évoluer le collaborateur vers un autre poste et le remplacer par quelqu'un capable de remplir la mission.

La seconde, beaucoup plus fréquente, est que le patron a une forte tendance au « sur-contrôle » et au micro-management. Cette attitude est souvent le fait de personnes qui ont peu confiance en elles et sont donc incapables de faire confiance aux autres. Cette façon de faire contribue à étouffer progressivement l'organisation et à l'enserrer dans les limites, souvent étriquées, de celui qui l'a initiée. La tendance au micro-management s'observe à tous les niveaux : du chef d'équipe au PDG, en passant par le manager, le directeur d'établissement et le directeur régional.

La troisième est la complexité des organisations qui tend à multiplier les parties prenantes à l'élaboration des décisions. Il devient alors difficile d'attribuer clairement à une seule personne la responsabilité de la décision finale. La solution de facilité consiste à faire remonter la décision finale au niveau du dessus pour rendre un arbitrage. C'est le mode naturel de fonctionnement des sièges d'entreprise qui ont malheureusement une fâcheuse tendance à répandre dans toute l'organisation cette manière de faire.

La remontée des décisions au niveau supérieur provoque l'émergence de jeux subtils aux niveaux inférieurs, où chacun cherche à influencer le décideur en faveur de sa thèse, ou à étendre son territoire d'action pour accroître son pouvoir d'influence, ou à l'inverse, à se retirer du jeu par lassitude et à se contenter d'attendre les décisions venues d'en haut, au risque d'un fort désengagement.

Au final, cette manière de remonter les décisions au niveau supérieur ne crée pas un climat de confiance entre les personnes, car celles-ci ont tendance à se considérer comme des rivales plutôt que des co-équipiers. C'est ainsi que naissent, s'établissent et prospèrent les organisations « en silos » (voir définition plus bas page 158) qui sont devenues la norme dans la plupart des entreprises et qui sont si peu efficaces.

La conséquence ultime de l'organisation centralisée est la création d'un embouteillage des décisions à prendre au sommet, et la généralisation de la pratique de l'arbitrage (qui revient à couper la poire en deux, ou en trois…) comme mode de décision finale. C'est malheureusement le mode de décision le moins subtil et le moins responsable qui soit. Les collaborateurs finissent par se satisfaire de ces modes de travail où ils achètent finalement leur tranquillité d'esprit par l'acceptation de leur déresponsabilisation.

> **Accepter la subsidiarité nécessite une confiance en soi et en ses collaborateurs afin de lâcher prise.**

Accepter la subsidiarité nécessite une confiance en soi et en ses collaborateurs afin de lâcher prise et penser que l'on a plus à gagner en laissant les décisions se prendre au bon niveau, qu'à vouloir intervenir en permanence. Cela témoigne également d'une vision élevée de la personne qui est supposée capable de prendre ses responsabilités et de s'améliorer en les exerçant.

DEUX COMPORTEMENTS HUMAINS FACE À L'AUTORITÉ

Mc Gregor[1], professeur au MIT, est connu pour avoir formulé la théorie X et la théorie Y du management dans les années 1960.

> ### Que penser de la théorie X et de la théorie Y ?
>
> La théorie X et la théorie Y caractérisent des systèmes de valeurs et de comportements des individus au regard du contrôle et de l'autorité. Ces deux théories s'opposent et induisent des pratiques managériales divergentes.
>
> Selon la théorie X, l'individu est supposé avoir une aversion innée au travail. Par conséquent, il ne travaille et n'est productif que s'il y est contraint, forcé et contrôlé de manière plus ou moins coercitive. Les tenants de cette vision de l'homme développent par conséquent une vision du management très autoritaire puisque l'individu fuit les responsabilités et l'autonomie et préfère être dirigé. Le mécanisme de récompense et de punition est le seul qui fonctionne pour contraindre l'individu au travail. L'intelligence des acteurs n'est utilisée que pour contourner les règles.
>
> Dans la théorie Y, au contraire, l'individu cherche à se développer, notamment par le travail qui peut être source d'apprentissage. Le présupposé est qu'un individu s'engage dans la mission d'une organisation, si on l'y associe, et qu'il cherchera alors à prendre davantage de responsabilités. Cette

---

1. Mc GREGOR Douglas, *La dimension humaine de l'entreprise*, Gauthier-Villars Éditeurs, 1970.

vision suppose qu'on lui laisse des marges de manœuvre suffisantes pour organiser ses actions.

Les conséquences de la théorie X sont de créer des organisations hyper centralisées qui infantilisent les individus, les amenant à fuir leurs responsabilités, confirmant les préjugés des dirigeants sur la nécessité de leur système répressif. À l'opposé, la théorie Y suppose autonomie, responsabilité et subsidiarité. Elle repose sur la confiance des dirigeants vis-à-vis de leurs collaborateurs.

Permettre la subsidiarité dans une entreprise, dans une équipe, suppose donc qu'on ait une vision optimiste de l'individu dans sa relation au travail et que l'homme adhère plutôt à un système de valeurs de type Y. Bien entendu, au-delà de cette vision caricaturale de Mc Gregor, il serait absurde de penser que les individus ne sont classables que dans l'une ou l'autre de ces catégories. Il existe sans doute un continuum de comportements observables entre les théories X et Y.

Ces théories supposent que les dispositions des individus vis-à-vis du travail sont innées. Au contraire, nous pensons qu'un même individu peut avoir ces deux types de comportements : engagement *versus* désengagement, volonté de travailler *versus* laisser-aller, autonomie *versus* obéissance… et ce, en fonction du système dans lequel il évolue. Un système coercitif générera des comportements de désengagement et de réalisation mécanique des tâches, un système de subsidiarité entraînera des comportements de prise d'initiatives et de créativité. C'est l'histoire de la poule et de l'œuf.

Les dernières recherches en matière de psychologie du travail nous confortent dans l'idée que créer une organisation dans laquelle le principe de subsidiarité est opérant, favorisera le développement de comportements autonomes et créatifs. Elles répondent à des besoins intrinsèques de l'homme. Teresa Amabile, de la Harvard Business School, montre que ce qui rend les individus créatifs, engagés dans leur travail, est leur désir d'apprendre et de progresser[1] : un individu sera d'autant plus efficace et créatif qu'il sera mis en condition de progrès.

TOUS INNOVANTS

La question se pose alors de savoir si tout le monde peut contribuer à l'innovation et être créatif dans une entreprise. Beaucoup pensent que les tâches d'exécution (par exemple dans le domaine de la manutention) n'engagent en rien la responsabilité et la créativité des collaborateurs qui les exécutent. C'est une grave erreur qui provient d'une confusion entre, d'une part, la nécessité d'avoir des process bien définis, et d'autre part, la possibilité de les améliorer sans cesse dans le détail de leur exécution. La définition des process est forcément le fait d'une décision centrale. Leur amélioration continue est l'œuvre de ceux qui les exécutent pour peu que l'organisation leur donne le droit de parler et de faire des recommandations.

Ainsi, il est possible de renforcer la motivation et l'engagement des personnes affectées aux tâches de pure exécution pour peu que l'organisation modifie sa posture managériale et introduise en son sein « l'esprit de subsidiarité ».

---

1. AMABILE Teresa, KRAMER Steven, *The Progress Principle: Using Small Wins to Ignite Joy, Engagement and Creativity at Work*, Harvard Business Review Press, 2011.

Daniel Pink[1] l'a parfaitement synthétisé dans son best-seller sur la motivation : si manager par le bâton et la carotte ne marche certainement pas dans les fonctions où un haut degré de créativité est requis, c'est également le cas pour les postes dont les tâches d'exécution plus rudimentaires et mécaniques constituent une grande partie du travail à réaliser. « L'esprit de la subsidiarité » revient d'abord à expliquer les raisons pour lesquelles la tâche est nécessaire et expliquer en quoi elles contribuent à un projet plus grand. Il convient de reconnaître que la tâche est ennuyeuse, de faire preuve d'empathie, et enfin de permettre aux salariés de réaliser la tâche de la façon dont ils le désirent afin de leur donner davantage d'autonomie.

L'IVRESSE DU POUVOIR ET LA PEUR D'ÊTRE JUGÉ

Malgré l'évidence des avantages que procure une organisation subsidiaire, nombre de leaders préfèrent faire remonter toutes les décisions à leur niveau. Deux phénomènes sont à l'origine de cette dérive des comportements managériaux : l'ivresse du pouvoir et la peur d'être jugé.

L'ivresse du pouvoir est le sentiment de toute-puissance que peut ressentir un individu quand il décide de tout, vit « à cent à l'heure » et se persuade que, sans lui, rien ne se passerait dans l'entreprise. À l'origine de ce sentiment, il y a l'orgueil humain, et rien d'autre. L'ivresse du pouvoir s'empare de quelqu'un quand celui-ci laisse son orgueil se déchaîner en lui et qu'il n'y a aucune structure de gouvernance pour le ramener à la raison.

---

1. PINK Daniel, *La vérité sur ce qui nous motive*, Flammarion, Clés des champs, 2016.

La peur d'être jugé habite tout homme. Or, c'est le propre d'un manager ou d'un dirigeant d'être jugé par ses supérieurs ou par ses actionnaires. Celui qui n'accepte pas d'être jugé ne mérite pas d'être dirigeant. Or, la peur d'être jugé amène le dirigeant à se sur-responsabiliser : il veut pouvoir répondre de tout et démontrer qu'en toutes circonstances, il a pris les bonnes décisions. Il se met donc en situation de sur-contrôle et fait tout remonter à son niveau.

À l'inverse, le principe de subsidiarité implique que tous les niveaux soient interdépendants les uns des autres et que le résultat final de l'action entreprise soit d'abord le fruit de l'intelligence collective plutôt que celui de l'acharnement d'un seul.

La seule parade à ce mal de la centralisation qui ronge les entreprises, c'est dans la psychologie des individus qu'il faut la rechercher, et donc dans la qualité du processus de sélection de ceux qui exercent les responsabilités.

Chapitre 13

Le principe de responsabilité

Le principe de responsabilité est le principe selon lequel tout sujet ou tout problème important doit être pris en charge par une personne parfaitement identifiée qui répond, devant une autre personne ou un groupe d'autres personnes, de l'état d'avancement du sujet ou de la résolution du problème en question.

> Tout sujet ou tout problème important doit être pris en charge par une personne parfaitement identifiée.

Répondre de quelque chose devant quelqu'un est toujours un acte qui fait appel au jugement, au-delà même des éléments techniques du sujet ou du problème. Or, l'exercice de la faculté de jugement est un exercice fondamentalement individuel et personnel : certes, celui qui juge a besoin d'être éclairé par d'autres, mais, tout à la fin, c'est en son âme et conscience qu'il va formuler le jugement final en allant rechercher au fond de lui-même les motifs et les raisons de son choix.

Il n'y a pas de jugement collectif : un groupe de travail, un comité, n'émettent pas de jugement. Ou alors, s'il le fait, c'est le plus mauvais qui soit car il est le résultat de compromis et de tractations, et non pas le fruit du travail de la conscience. La responsabilité est donc éminemment personnelle.

Une organisation responsable est une organisation qui se pense à partir du principe de responsabilité et qui en tire toutes les conséquences.

Ainsi, par exemple, dans les entreprises, il y a deux manières d'organiser la vie d'une filiale :

- selon le principe de responsabilité, la filiale doit avoir un directeur général effectivement responsable : c'est lui qui choisit son équipe, organise la structure et répond de ses résultats devant son actionnaire ;

- selon l'usage le plus courant dans les groupes, le directeur général est contraint par toutes les structures de siège de respecter un corps de règles, édictées par celles-ci. En pratique, cela veut dire qu'il n'est vraiment libre de rien et doit tout négocier avec d'autres qui, eux, ne répondent en aucune manière des résultats de la filiale. Dans ce cas, la responsabilité du DG n'est pas pleine et entière, elle est conditionnée.

En dernière analyse, qui est vraiment responsable ?

Dans le premier cas, le directeur général se concentre entièrement sur les sujets qu'il a à traiter, prend les décisions nécessaires dont il rapporte les résultats à son actionnaire.

Dans le second cas, le directeur général passe une bonne partie de son temps à négocier avec les structures du siège, à passer des compromis avec elles, et ensuite à expliquer à son actionnaire toutes les raisons pour lesquelles les résultats ne sont pas au rendez-vous.

> **Grâce au principe de responsabilité, les hommes et les femmes avancent vite car ils savent ce qu'ils ont à faire et ont les moyens de le faire.**

Cet exemple montre bien que le principe de responsabilité ordonne les comportements dans l'entreprise. Dans une entreprise qui pousse loin le principe de responsabilité, les hommes et les femmes avancent vite car ils savent ce qu'ils ont à faire et ont les moyens de le faire.

Dans un grand groupe bancaire, pendant de nombreuses années, les décisions d'octroi des moyens de paiement au client et des crédits à la consommation n'étaient pas sous la responsabilité des conseillers clientèles ni des directeurs d'agence. Ceci avait pour conséquence de ralentir considérablement la réactivité de l'organisation vis-à-vis de ses clients. Il a été décidé d'octroyer cette prise de décision au directeur d'agence, ce qui permettait une économie de temps et responsabilisait ce dernier. Cette amélioration de l'efficience de l'entreprise a permis également de diminuer les sentiments de dépossession et d'impuissance parfois ressenties par les directeurs d'agence devant la « boîte noire » qui devait décider de l'avenir du dossier de leur client. Ils n'avaient aucun contrôle, aucune influence, et très peu d'informations sur les raisons de refus de certains dossiers.

De nombreuses entreprises privilégient la complexité des organisations et la multiplicité des structures dans lesquelles se dilue peu à peu l'exercice de la responsabilité : elles dépensent une énergie colossale en négociations internes, et finissent par oublier que le plus important, ce sont les clients et les concurrents.

Chapitre 14

La clarté des territoires et le fonctionnement en mode Projet

LA CLARTÉ DES TERRITOIRES

Le corollaire du principe de responsabilité est la clarté des territoires. Chacun doit savoir ce qu'il doit faire. Quand le flou existe et qu'on ne sait pas qui porte quoi, quand le principe de responsabilité n'est pas clairement édicté, les territoires d'action se chevauchent. Les jeux d'influence, les guerres politiques commencent alors à se développer, menaçant la coopération entre individus et rendant l'environnement de travail conflictuel et désagréable. Dans un tel climat, chacun a tendance à voir en l'autre un adversaire potentiel. La culture de Bienveillance est étouffée.

Un directeur général a décidé de nommer auprès de lui un directeur commercial, au même niveau que les dix directeurs régionaux. Le directeur commercial avait lui-même été directeur régional auparavant et avait développé des liens solides avec ses collègues dans la même fonction. Le directeur général l'avait d'ailleurs choisi pour sa connaissance forte du terrain et sa légitimité vis-à-vis des directeurs régionaux. Jusqu'alors, les directeurs régionaux avaient la possibilité de décider entièrement de leur campagne de marketing opérationnel et de leur action commerciale. Le nouveau directeur commercial aura maintenant la responsabilité d'organiser des campagnes de marketing opérationnel au niveau national. Cependant, les directeurs régionaux peuvent toujours maintenir leurs campagnes si elles ont un caractère local. Le budget précédemment affecté à cette tâche a légèrement été diminué mais est toujours bien présent au niveau des directions régionales. Le directeur général avait vu le risque de conflit potentiel mais n'y avait pas prêté plus d'attention. Après tout, ils étaient assez grands pour trouver un moyen intelligent de fonctionner ensemble. Bien mal lui en a pris, au bout de six mois, cela tirait à hue et dia : le directeur commercial devait se battre en permanence pour imposer une ligne directrice commune et optimiser les actions disparates. Les collègues, avec qui s'étaient instaurées des relations amicales depuis de nombreuses années, étaient maintenant en rivalité avec le directeur commercial. Ce dernier souffrait de la situation et envisageait de revenir sur une fonction opérationnelle.

> ❝ Ne pas clarifier les périmètres de responsabilité revient à tuer la coopération et à générer des conflits.

Il est illusoire de penser que des acteurs réussiront facilement à s'entendre sur un territoire de jeu. Ne pas clarifier les périmètres de responsabilité revient à tuer la coopération et à générer des conflits. Il est ainsi impossible de créer un terreau propice au développement de la Bienveillance.

La nature ayant horreur du vide, les stratégies individualistes mettent à mal les valeurs d'entraide et de bénéfice des actions collectives prônées par le management. Les collaborateurs en viennent à observer alors un profond décalage entre les messages portés par le plus haut niveau et ce qu'ils vivent au quotidien. Comment collaborer si on se tire dans les pattes pour récupérer le projet du collègue ?

Vouloir la clarté des territoires nécessite du courage et du travail de précision. Du courage parce qu'il faut revisiter les rôles et dépasser les habitudes. Du travail de précision parce que la réussite réside dans l'analyse fine des périmètres de responsabilité et des relations entre le responsable d'une équipe et ses membres, ainsi que des interactions entre l'équipe et les autres parties prenantes de l'entreprise concernées par le sujet.

LE FONCTIONNEMENT EN MODE PROJET

L'entreprise moderne est une communauté d'hommes et de femmes travaillant ensemble à la production de biens ou de services, et soutenus par des actionnaires qui fournissent le capital.

Aiguillonnée en permanence par la concurrence, l'entreprise est tournée vers le futur, c'est-à-dire vers les nouveaux biens et services de demain qui lui permettront de faire la différence avec ses concurrents.

Le futur ne se déduit pas du passé. Il procède d'abord d'une vision, c'est à-dire d'une intuition qu'ont les dirigeants sur les tendances du marché et les moyens d'y répondre.

La vision est souvent quelque chose de très général. C'est une direction à prendre. Elle ne décrit pas les choses dans le détail.

Des dirigeants visionnaires proposent leur projection à leurs actionnaires et à leurs collaborateurs. Ceux-ci doivent dans un premier temps la challenger et, si elle est confirmée, doivent ensuite l'exécuter. Mais avant de passer à l'exécution, il convient d'interpréter la vision et de lui donner corps. C'est le rôle des collaborateurs de décliner la vision en différents projets qui touchent à toutes les facettes de l'activité : le marketing, la recherche et le développement, la production, le commerce, la formation des collaborateurs…

> Une entreprise qui réussit devient un ensemble de projets au service d'une vision.

Une entreprise qui réussit, c'est-à-dire qui se met en permanence en état de préempter le futur, devient, de fait, un ensemble de projets au service d'une vision. Toute la question est de savoir comment l'entreprise s'organise pour gérer ses projets avec le maximum d'efficacité.

En effet, l'organisation traditionnelle de l'entreprise est une organisation en silos : la production, le commerce, le marketing, les ressources humaines, la finance. Ce type d'organisations a émergé dès la fin du XIXe siècle dans les entreprises. Il a parfaitement fonctionné pour développer des centres d'expertise au sein de l'entreprise (techniques, commerciaux…) à une époque où l'évolution technologique était beaucoup plus lente qu'aujourd'hui et la pression concurrentielle bien moindre. L'inconvénient de ce type d'organisations est la difficulté à coopérer entre les différents services dont la principale résultante est l'allongement du temps de réalisation des projets et la dégradation de leur qualité intrinsèque.

Cela n'est plus possible aujourd'hui. La réponse adéquate est la mise en place d'« équipes projet ». Ces équipes fonctionnent sous la direction d'un directeur de projet dont la responsabilité est la mise en œuvre du projet dans les délais et la qualité requis.

Pour que l'organisation en « équipes projet » fonctionne, il faut que plusieurs conditions soient réunies : le projet doit être clairement défini dans ses principales caractéristiques ; la composition de l'équipe doit tenir compte des compétences requises pour mener à bien le projet ; le directeur de projet doit avoir l'autorité et les moyens de mener son projet à son terme ; enfin, les relations entre l'équipe projet et les autres parties prenantes de l'entreprise doivent être clairement définies. Le directeur a en principe tout pouvoir pour prendre les décisions nécessaires, sauf les cas où ces décisions emportent d'autres enjeux que ceux du projet lui-même. Dans ce dernier cas, le directeur de projet rapporte à un comité de sponsors du projet qui, éclairé par le directeur de projet et les autres directeurs concernés, prend en dernière instance la décision.

L'organisation en « équipes projet » est fondamentale car elle seule garantit que les moyens de l'entreprise sont bien mis en priorité au service de ses finalités principales. En outre, elle constitue la forme la plus concrète du principe de subsidiarité car de très grandes responsabilités sont confiées au directeur de projet et à son équipe. Enfin, elle opère une grande clarification dans les domaines de compétences et les territoires d'influence des différents acteurs de l'entreprise. Elle constitue donc, à ce jour, la formule la plus achevée de mise en œuvre des principes exposés précédemment.

La décision au plus près du terrain

Les principes évoqués dans les chapitres précédents modifient la nature de l'action managériale : le manager doit désormais être essentiellement dans le soutien et la mise en responsabilité.

Or, notre système de sélection des élites et le verrouillage des postes de direction nous confortent encore dans l'idée qu'au sommet se trouvent les plus compétents. Nos figures tutélaires et emblématiques du pouvoir (en France, Louis XIV, Napoléon ou Charles de Gaulle) ont forgé dans l'imaginaire collectif l'idée que le pouvoir français est incarné par des personnalités hors norme. Celui qui porte le pouvoir est brillant, charismatique et visionnaire. Il ne doit pas être contesté. On lui pardonne son caractère colérique, excessif et sans limite. Outre-Atlantique, Steve Jobs, mythique patron d'Apple, était adulé et a conforté l'image du génie caractériel.

Notre système éducatif, très descendant, limite l'interaction participative dans la tradition du maître d'école conférant le savoir, et crée l'illusion que la parole hiérarchique, garante de la connaissance, ne peut être remise en cause. Dans cette perspective, les managers adoptent aisément des postures condescendantes et infantilisantes vis-à-vis de leurs collaborateurs.

Au contraire, dans l'entreprise subsidiaire, le pouvoir de décider est ramené au plus

> **"** Dans l'entreprise subsidiaire, le pouvoir de décider est ramené au plus près du terrain.

près du terrain. Il implique un renversement des postures où le responsable hiérarchique devra être en soutien, en accompagnement, en coaching plutôt qu'en contrôle et en sanction.

Dans cette start-up, Dominique encadre une quinzaine de chefs de projet et de développeurs. Les chefs de projet ont une responsabilité commerciale dans le développement du C.A. Face à l'exigence des clients, Dominique sait que la façon la plus efficace pour que les équipes se donnent à fond est de renforcer leur sentiment d'autonomie, et que s'ils ont besoin d'aide, il sera là en conseil. Il a décidé de ne plus leur demander que lui soient remontés les reportings hebdomadaires. Les projets sont suivis par chacun des chefs de projet dans un fichier centralisé et partagé par tous. Il le consulte quand nécessaire, principalement aux jalons importants des projets avec les chefs de projet. À ces occasions, il les accompagne pour résoudre avec eux les points bloquants.

La société en général a beaucoup changé durant les cinquante dernières années. Dans tous les pays du monde, l'Occident a été le moteur de ce changement en faisant émerger progressivement une culture fondée sur la prééminence de l'individu et le développement de la personne.

Cela commence à l'école, dès le plus jeune âge, où l'attention est avant tout portée à l'éveil de l'enfant plutôt qu'à l'apprentissage de disciplines. Cela se poursuit dans les relations entre enfants et adultes, en particulier dans la cellule familiale, où l'enfant est considéré comme une personne à part entière bien plus tôt qu'autrefois. Cela s'étend au rapport entre les adultes qui sont beaucoup plus libres qu'auparavant, beaucoup moins normés et hiérarchisés.

Comment l'entreprise resterait-elle en dehors de ces évolutions ? Aujourd'hui, les jeunes générations veulent nettement plus d'autonomie que leurs aînés. Elles répugnent à n'être que des exécutants. Il s'en suit d'ailleurs un grand désintérêt des jeunes diplômés pour les grandes organisations très institutionnalisées et hiérarchisées. À ce monde clos dans lequel elles ont l'impression d'être étouffées, ces nouvelles générations préfèrent celui des PME ou des start-up. Elles veulent aussi prendre des risques, être confrontées à elles-mêmes, à leur capacité d'initiative et de créativité. Elles revendiquent d'être considérées comme des adultes pleinement autonomes.

> 66 **Les jeunes générations veulent nettement plus d'autonomie que leurs aînés.**

En conclusion, les principes que nous avons évoqués, notamment de subsidiarité et de responsabilité, amènent à considérer le salarié comme un adulte pleinement autonome et à lui donner la possibilité d'agir. Cette conception est à l'opposé des visions « top-down » et paternalistes du management. Dorénavant, la posture principale du management est celle de l'accompagnateur.

Ce paradigme est malheureusement peu développé dans les entreprises qui conservent une organisation très traditionnelle et verticale. Leur principale lacune est de continuer à penser l'entreprise en termes de *pouvoir* au lieu de la penser en termes de *responsabilité*.

PR Quy Huy, professeur à l'Insead, auteur du concept de « capital émotionnel de l'entreprise »

Quel lien entre le capital émotionnel d'une entreprise et la Bienveillance ?

Le capital émotionnel renforce la Bienveillance dans la mesure où il fournit une « architecture » organisationnelle du collectif, qui structure la qualité des relations interpersonnelles dans l'entreprise. Si elle est laissée aux seules motivations et aux compétences individuelles, la culture de la Bienveillance pourrait alors dépendre fortement de la nature des relations interpersonnelles, de situations et de contextes arbitraires.

Le *capital émotionnel* au niveau collectif se définit comme une forme de culture émotionnelle dont les bases ont été posées dans plusieurs articles scientifiques[1]. Ce capital émotionnel de l'entreprise repose sur quatre piliers :

1. l'authenticité « respectueuse » ;

2. la fierté « méritée » ;

3. les espoirs « réalistes » ;

4. et enfin, la passion « raisonnée ».

Ces concepts sont au cœur de la qualité affective des relations interpersonnelles dans les organisations, et sont un terreau pour le développement de la Bienveillance dans l'entreprise.

Afin de renforcer cette architecture organisationnelle, qu'elle puisse perdurer dans le temps indépendamment des hommes et des femmes, il s'agit de mettre en place des procédures, et des codes de conduites explicites et partagés, qui permettent aux collaborateurs d'être motivés à adhérer et à pratiquer dans le temps ces nouvelles normes comportementales reposant sur les piliers évoqués plus haut.

---

1. HUY Quy, SHIPILOV Andrew, *The key to social media success within organizations*, MIT Sloan Management Review, Fall, 54(1), pages 73-81.

En effet, il s'agit de « protéger » le capital émotionnel d'intérêts personnels (qui pourraient vouloir instrumentaliser cette notion) en institutionnalisant un certain nombre de pratiques organisationnelles (groupes de parole, cellules de médiation…) afin de limiter les comportements égoïstes et politiques qui mettent à mal la Bienveillance et la confiance entre les acteurs.

Le capital émotionnel et ses piliers sont essentiels à la performance organisationnelle car ils invitent naturellement les collaborateurs à adopter des comportements de coopération et de partage d'information, insuffisamment présents dans les entreprises. Ces piliers participent à réduire la résistance au changement pour rendre l'organisation plus agile et plus créative.

Partie V

La Bienveillance : une aventure collective…

Les organisations fondées sur les principes de subsidiarité et de responsabilité sont, *a priori*, beaucoup plus favorables à une culture de Bienveillance, tout simplement parce qu'elles favorisent l'action qui positive, dynamise, motive, et finalement crée une solidarité très concrète entre les personnes concernées.

Cette forme de solidarité est de même nature que celle qui existe dans une équipe de foot ou de rugby : la passion du jeu vécue ensemble l'emporte sur les rivalités ou les dissensions.

Mais les principes ne suffisent pas. Une culture de Bienveillance a besoin de modes de fonctionnement concrets qui la portent de manière spontanée. Beaucoup de pratiques y contribuent, et en premier lieu, la pratique de la vérité…

Ce code de conduite à définir dans les équipes relatif aux comportements adéquats entre les membres du collectif constitue le 2ᵉ pilier du triptyque nécessaire à déployer la culture de la Bienveillance.

Chapitre 16

La vérité, rien que la vérité

Le respect de la vérité consiste à dire les choses telles qu'elles sont, à reconnaître ses actes ou ses responsabilités tels qu'ils sont. Pour paraphraser Michel Foucault en 1984 dans sa dernière leçon au Collège de France sur le courage de la vérité[1], il faut du courage et de la conviction pour dire vrai. Le respect de la vérité est le socle d'une relation de confiance entre les individus. Aucun jeu n'est permis avec la vérité car il n'y a pas d'intermédiaire entre la vérité et le mensonge (qu'il soit en parole, en pensée, par action ou par omission). C'est l'un ou l'autre. Or, le mensonge détruit la confiance et instaure la méfiance. La méfiance débouche sur la suspicion et la suspicion est l'inverse de la Bienveillance.

> 66 Le mensonge détruit la confiance et instaure la méfiance.

MENTIR DÉTRUIT LA CONFIANCE

Dans l'entreprise, le respect de la vérité est la première valeur à promouvoir. Mais si cette valeur semblable à une vertu nous semble aller de soi, comment l'incarner dans des comportements observables ? Même si l'on est convaincu du bien-fondé de la vérité, comment la pratiquer au quotidien ?

---

1. FOUCAULT Michel, *Le courage de la vérité, le gouvernement de soi et des autres*, Hautes Études, Gallimard, Seuil, 1984.

La vérité n'est pas simple… Deux catégories de personnes se font face : les personnes pour lesquelles la vérité est une valeur importante, et celles pour lesquelles elle ne l'est pas. Certains sont en effet particulièrement habiles à travestir la vérité en présentant les choses sous un angle avantageux pour eux mais sans dévoiler la totalité de la situation, en omettant certains éléments, ou encore en noyant la vérité sous des tas de considérations accessoires.

Vincent est dynamique et engagé. Son patron en est fan. Pourtant, ses collègues ne lui font plus confiance. Il ne cesse de travestir la réalité. On ne peut pas dire qu'il mente de façon éhontée mais on ne sait jamais vraiment si ce qu'il dit est vrai : « J'ai lu tel bouquin, telle personne m'a dit cela… » Bref, c'est pathologique. Quand il rapporte les propos de tierces personnes, il caricature leurs positions pour amener son patron à prendre des décisions en conséquence. Il aime à semer le doute sur chacun en orientant à souhait son discours et en l'émaillant de détails qui n'existent pas. Son patron, fasciné par Vincent, a une image déformée de la réalité.

Ainsi, certains collaborateurs excellent dans l'art de présenter les choses à leur façon pour orienter le jugement des décideurs dans le sens qu'ils souhaitent. Ils ne mentent pas délibérément. Ils déforment la vérité. C'est l'une des attitudes les plus graves et les plus condamnables qui soient car elle amène le plus souvent les dirigeants à prendre de mauvaises décisions.

Dire la vérité demande du courage. Il n'est jamais facile de parler en vérité aux gens, surtout pour leur tenir des propos qu'ils peuvent considérer comme désagréables.

TOUTE VÉRITÉ EST BONNE À DIRE…

… quand on sait trouver les mots et le moment propice pour le faire !

Laurent compte dans son équipe Anna, une jeune commerciale qui excelle à son poste. Celle-ci travaille dur et a un vrai talent commercial. Il a décidé de la promouvoir et de lui donner en responsabilité le management de l'ensemble de l'équipe. Mais Anna est maladroite et extrêmement contrôlante. Certains de ses commerciaux se plaignent de son ton abrupt. Ils s'en plaignent vigoureusement, notamment à Christine, la remplaçante de Laurent, récemment nommée. Cette dernière se donne le temps d'observer Anna et tire les mêmes conclusions que les vendeurs sur son style de management. Elle décide de lui faire suivre une formation sur le management car elle part du principe que tout le monde peut progresser dans ce domaine. Mais craignant de la vexer en lui disant que le but de la formation est de pallier ses insuffisances en termes d'animation d'équipe, Christine indique à Anna qu'elle saura sûrement tirer quelque chose d'intelligent de ces deux jours de formation. Anna se prête au jeu, essaie d'en tirer quelques enseignements mais reprend vite ses anciennes habitudes en mettant une pression injustifiée sur ses collabora-teurs à qui elle continue de montrer très peu d'empathie et de soutien. Pour ancrer les changements, Christine aurait dû dès le départ mettre l'accent sur un plan de développement relatif à son management d'équipes commerciales, pour pouvoir bâtir avec Anna un suivi d'actions correctrices. Les vraies raisons de cette formation seront données beaucoup plus tard à Anna, qui ne comprend pas qu'on ne lui ait pas dit tout cela plus tôt.

Pourtant, selon l'adage populaire, « toute vérité n'est pas bonne à dire ». Cette affirmation vient à l'encontre de notre propos. Y aurait-il donc deux poids deux mesures, selon que l'on est dans l'entreprise ou dans la sphère des relations privées ?

Derrière l'apparente contradiction, il y a deux réalités bien différentes. Dans la sphère privée, notamment familiale et amicale, la relation est supposée durer éternellement. De ce fait, il peut être opportun de ne pas dire toute la vérité pour ne pas blesser l'autre trop profondément et prendre le risque de détruire la relation. En ce sens, on peut dire que toute vérité n'est pas bonne à dire.

Dans le monde de l'entreprise, la règle est différente. Les hommes et les femmes qui y travaillent ne sont pas liés de la même façon à l'entreprise qu'ils le sont dans la sphère des relations privées. En cas de tensions fortes, quelles que soient les raisons, chacun a la possibilité de « reprendre ses billes », et de quitter le navire. Comme aimait à le dire un grand industriel français, « le plus grand capital du salarié, c'est sa liberté ».

Par ailleurs, l'entreprise moderne est confrontée à une complexité croissante dans tous les domaines. Pour répondre à tous les impératifs provenant de ses clients, de son environnement, de ses actionnaires, il est essentiel que chacun de ses collaborateurs puisse faire valoir son point de vue au moment opportun, dans un esprit de grande liberté, sans être paralysé par la peur de déplaire ou d'exprimer un désaccord. C'est une condition absolument nécessaire pour que les problèmes soient vus dans toutes leurs dimensions et donc que les meilleures solutions leur soient apportées. C'est en ce sens que l'on peut affirmer que, dans l'entreprise, « toute vérité est bonne à dire ».

Cependant, il importe de s'assurer que le message émis sera bien entendu par celui ou celle à qui il est destiné.

En effet, à quoi sert-il de « balancer » à l'autre sa vérité si celui-ci est incapable de la recevoir ? La réponse à cette question dépend des précautions que l'émetteur du message doit prendre. Celui-ci n'est pas simplement responsable de dire « sa » vérité, mais il est aussi responsable du choix des mots et du moment qui rendront cette vérité audible par celui auquel elle s'adresse. C'est à cette condition, et à cette condition seulement, que l'on peut dire que la vérité libère.

> Il importe de s'assurer que le message émis sera bien entendu par celui ou celle à qui il est destiné.

La Bienveillance ne consiste jamais à taire la vérité par souci de préserver l'autre, mais elle consiste à créer les conditions pour que cette vérité soit reçue le plus paisiblement possible.

Ceci est particulièrement vrai dans le cas où un manager doit se séparer d'un collaborateur. Tous les jours dans les entreprises, des collaborateurs doivent quitter leur poste parce qu'ils ont été licenciés. La seule manière de leur permettre de faire le deuil, de passer à autre chose et de s'améliorer est d'être « vrai » avec eux sur les raisons qui expliquent la rupture. Cela ne signifie pas être brutal, cela signifie exposer avec sensibilité les raisons qui amènent à mettre fin à la collaboration.

Tous les jours dans les entreprises, des managers préfèrent ne pas dire la vérité à leurs collaborateurs en pensant qu'ils ne seront pas capables de la recevoir ou le plus souvent parce qu'ils ont eux-mêmes peur de leurs réactions. Ceci explique nombre d'incompréhensions et de blessures profondes causées aux personnes licenciées : en ne leur disant pas la vérité, on installe un doute profond dans leur esprit sur leur identité et leur capacité professionnelles.

REFUSER LA CALOMNIE

Respecter la vérité, c'est aussi refuser de propager volontairement des contre-vérités en colportant calomnie et médisance. En propageant ou en faisant naître de fausses rumeurs, on enferme les victimes dans un carcan, sans preuve. Chacun devrait donc se méfier de ceux qui, à longueur de mois et d'années, font preuve de médisance envers leurs collègues, car s'ils médisent sur leurs collègues, ils le font aussi probablement sur leur interlocuteur ! Sous couvert de confidences, ils aiment à dire du mal et colportent les anecdotes qui caricaturent les autres, les diminuent et les affaiblissent. Ceux qui mènent campagne pour déstabiliser leurs collègues par des critiques acerbes doivent être vus pour ce qu'ils sont : des manipulateurs.

L'usage de la calomnie, même sous une forme très adoucie, est contraire à toute forme de Bienveillance. Bien plus, elle mine les fondements de la Bienveillance dans l'entreprise.

Si le mot « calomnie » peut paraître excessif, nombreux sont les cas où des personnes portent sur d'autres personnes de l'entreprise des jugements hâtifs et définitifs. Même si l'intention n'est pas de calomnier, le résultat est le même. On enferme ainsi les collaborateurs concernés dans une « image carcan » dont ils auront bien du mal à se défaire.

Raphaël H. Cohen, professeur, auteur, chef d'entreprise, consultant et co-directeur du DAS in Entrepreneurial Leadership de l'université de Genève

Pourquoi insistez-vous pour associer l'équité à la Bienveillance ?

Parce que l'un sans l'autre peut aboutir à des résultats problématiques, et aussi parce que l'iniquité entraîne des réactions viscérales très fortes, ce qui démontre que l'équité est indispensable.

Par Bienveillance et pour éviter de lui faire mal, on pourrait, par exemple, tolérer la performance insuffisante d'un collaborateur alors qu'elle augmente la charge de travail de ses collègues. Ce serait bienveillant mais inéquitable. D'un autre côté, on pourrait sanctionner publiquement quelqu'un qui a fait une erreur. La sanction pourrait être tout à fait légitime et équitable mais la manière de le faire ne serait pas bienveillante.

Après avoir analysé en profondeur le sujet et écrit des articles sur l'équité (à ne pas confondre avec l'égalité) dans les organisations, je suis arrivé à la conclusion qu'il s'agit d'un enjeu fondamental qui est le plus souvent mal pris en compte. Idem pour la Bienveillance. La combinaison des deux est indispensable dans la mesure où chacun tempère l'autre. Le vrai défi du leader est de faire le meilleur arbitrage entre équité et Bienveillance.

Pourquoi préconisez-vous un code de conduite pour diffuser la culture de la Bienveillance ?

Un ingrédient clé pour maximiser le niveau d'engagement d'une équipe est le sentiment de sécurité de ses membres (sans évidemment tomber dans l'excès). Pour que les collaborateurs se sentent en sécurité, il faut qu'ils évoluent dans un environnement prédictible et – comme indiqué plus haut – équitable. Cela signifie que les règles du jeu, dont celles relatives à la Bienveillance et à l'équité, doivent être connues et acceptées. On ne peut d'ailleurs pas parler d'équité sans règles ou principes directeurs convenus, ce qui est l'essence d'un code de conduite. Pour faire en sorte que celui-ci soit accepté et respecté par tous, il est important que ce soit les collaborateurs eux-mêmes qui le co-construisent.

De plus, le simple fait qu'un chef donne à ses collaborateurs l'opportunité de définir les règles du jeu qui vont gouverner leur interaction est en soi un acte de Bienveillance vis-à-vis de son équipe. La Bienveillance étant contagieuse, la mise en œuvre d'un tel code de conduite peut ainsi être le premier pas d'un cercle vertueux qui aboutit au déploiement d'une culture de la Bienveillance.

Chapitre 17

« Sauf le respect que je vous dois »

Avoir du respect est devenu la valeur « bateau » que l'on sort à toutes les sauces… mais qu'entend-on par « respect » exactement ? Au quotidien, nous exprimons notre respect par notre politesse, la reconnaissance de chacun, en créant de la convivialité et en jugeant les actes et pas les personnes…

La politesse s'exerce au quotidien

Le respect des personnes passe par les marques de politesse au quotidien. Ce sont ces poignées de main du matin, avec un bonjour sonore et un échange de nouvelles informelles, même rapides, qui permettent d'adoucir l'atmosphère. À travers tous ces comportements émerge l'importance de la personne, de chaque personne, et de la relation qui lie chacune d'entre elles.

La politesse induit de la douceur et de l'harmonie. Elle constitue le terreau de la Bienveillance. La politesse et la courtoisie vont de pair avec une forme de chaleur qui est le préambule d'une bonne relation.

Ce matin, Catherine est stressée. Elle a passé deux heures dans les embouteillages et a une réunion très importante avec un client en fin de matinée. Il ne lui reste que trente minutes pour préparer son rendez-vous. Elle est déjà dans sa préparation et en sortant de l'ascenseur, elle croise Véronique, une de ses collaboratrices, qui a été malade la semaine précédente. Véronique a très peu confiance en elle et se sent toujours coupable de ne pas faire suffisamment bien ni de faire suffisamment d'efforts. Catherine, dans ses pensées, lui lance un « bonjour » distant, elle qui est d'habitude souriante. Véronique se demande alors ce qu'elle a bien pu faire de mal et pense qu'elle lui tient rigueur sans doute de son absence ; mais après tout, elle était quand même malade !

La politesse passe également par la façon de traiter tout le monde de façon identique. Être à l'heure, consacrer un temps de qualité à son collaborateur : ces détails semblent insignifiants mais marquent profondément les esprits. Nous sommes ponctuels avec notre hiérarchie mais moins avec nos collaborateurs. Nous nous l'autorisons en tout cas. Souvent, le collaborateur est assujetti à l'emploi du temps de son chef.

En marquant la différence entre ceux qui méritent de l'attention et ceux qui n'en méritent pas, on ne fait que propager l'idée qu'il y a ceux qui ont de l'importance et ceux qui en ont moins. Puisque j'ai du pouvoir, j'ai donc le droit de mériter que l'on soit poli à mon égard.

La politesse, tout comme la courtoisie, marque l'attention à l'autre et est le premier pas dans la réponse à notre besoin d'être reconnu et d'être aimé.

Au-delà de la politesse requise dans la relation, respecter les personnes, c'est les considérer comme ses égaux. C'est une notion qu'il est difficile d'expliciter.

Cependant, on peut en avoir une idée en pensant à tous les comportements qui sont l'inverse de comportements respectueux. C'est par exemple le cas des comportements que les dictateurs, les courtisans ou les stars narcissiques appliquent au quotidien (voir chapitres 6, 7 et 8). Ils infantilisent et humilient leurs collaborateurs parce qu'au fond d'eux-mêmes, ils pensent que ceux-ci leur sont infé-rieurs. Ils les collent à la culotte en les « micro-mana-geant », en « by-passant » leur autorité et en s'adressant à leurs collaborateurs directs. Ils peuvent être brutaux et menaçants. Certains sont plus subtils et créent de la souf-france avec des petites phrases assassines, savamment dis-tillées, comme : « Fais gaffe », « Mon cher petit, tu aurais dû faire ceci, faire cela »…

Dans un article du journal *Les Échos* du 17-18 février 2017, intitulé « La politesse au travail, un outil de performance », les auteurs nous rappellent toutes les incivilités et toutes les discourtoisies que l'on s'interdit dans le monde privé et que l'on s'autorise dans le monde de l'entreprise : avoir les yeux rivés sur son Smartphone pendant une conversa-tion, se regarder dans le miroir pendant une réunion avec un collaborateur, omettre de mentionner le concours d'un collègue dans la réalisation du dossier, oublier d'in-viter un collègue à une réunion où sa présence pourrait faire de l'ombre… Tous ces comportements sont destruc-teurs de confiance.

La reconnaissance n'est pas une faiblesse

Tous les hommes et les femmes sont conditionnés par deux grandes peurs et deux grands désirs : la peur d'être abandonné et la peur d'être mangé par l'autre, le désir d'aimer et d'être aimé, et le désir d'être reconnu comme une personne unique (voir chapitres 3 et 4). Ces peurs et ces désirs structurent tout être humain avec une telle infi-nité de combinaisons, de degrés et de nuances entre eux qu'aucun être humain ne ressemble vraiment à un autre. Autour d'eux se cristallisent des réserves d'énergie et de puissants freins qui peuvent conduire à la paralysie de l'être humain. Les peurs, comme les désirs, peuvent être des vecteurs de mouvements, grâce à une irrépressible envie de les assouvir, ou, au contraire, bloquent toute évolution.

Nous ne parlons ici que de reconnaissance humaine, et pas de reconnaissance monétaire. Non pas que cette dernière n'ait pas d'importance, mais elle se situe sur le seul plan de la récompense objective (par exemple, l'atteinte des objectifs récompensée par un bonus ou une prime). La reconnaissance que nous appelons « humaine » porte témoignage d'une réalité très simple de l'entreprise, à savoir que chacun a besoin des autres pour accomplir sa mission. L'entreprise est fondamentalement une communauté solidaire. Témoigner de la reconnaissance humaine à ses collaborateurs, c'est rendre hommage à cette solidarité par des gestes simples, concrets et quotidiens.

> Chacun a besoin des autres pour accomplir sa mission.

Nous avons souvent une vision mécaniste des individus comme des sujets cherchant uniquement à optimiser leur utilité et à maximiser leurs profits. La recherche en sciences sociales nous apprend que cette vision est bien réductrice et que la reconnaissance ne passe pas seulement par la prime ou le bonus. Paradoxalement, au contraire, conditionner la créativité à une récompense extérieure de type monétaire amène à réduire l'inventivité ; la recherche du gain extérieur amène à réduire la motivation intrinsèque[1].

---

1. Deci Edward, Ryan Richard, *Handbook of Self-Determination Research*, University of Rochester Press, 2002.

Car, en fin de compte, avant de travailler pour une entreprise, les hommes et les femmes au quotidien travaillent d'abord pour quelqu'un ou quelques-uns.

Remercier

Pour autant, il est paradoxalement assez simple de créer de la reconnaissance immédiate. Les remerciements au quotidien viennent immédiatement à l'esprit : « Merci pour votre aide », à la fin d'un e-mail, par exemple. Un mot chaleureux pour souligner un travail bien fait est également très efficace : « Merci pour votre étude si bien présentée », « Merci pour votre réponse rapide à ma question »…

Nicolas est le responsable opérationnel des risques de la banque. Il prend toujours le soin d'avoir une attention pour tous ses collaborateurs et veille à remercier chacun individuellement quand il le peut avec sincérité et chaleur. Il le fait également avec l'ensemble du personnel d'entretien. C'est pour lui une manière de reconnaître chacun. Ses collaborateurs se plaignent peu de leur chef et font le maximum pour l'aider. Son bureau est toujours impeccablement nettoyé le matin…

Dire merci au-delà de la politesse nécessaire, pour tout ce qui le mérite, aide à créer du lien, de l'attention, de la gratitude réciproque entre les personnes. Tout ceci introduit petit à petit un climat de Bienveillance parce que chacun fait attention aux « bonnes choses » qu'il reçoit des autres. Car le merci signifie l'attention et la reconnaissance. Ces petits signes du quotidien, presque comme des rituels, créent un confort

> 66 Le merci signifie l'attention et la reconnaissance.

émotionnel. Que ressentez-vous simplement quand vous ne recevez jamais un merci ? Sans doute un sentiment d'injustice et de lassitude… qui sera suivi peu après par du découragement, et une moindre envie de se donner dans son travail.

A contrario, toutes les marques de remerciement font exister l'autre, lui procurent de la joie et le motivent pour continuer.

Exprimer de la gratitude

L'expression de la gratitude va au-delà du remerciement. Ce sentiment de reconnaissance et d'affection envers quelqu'un pour un service rendu permet de créer un cercle vertueux d'entraide et de réciprocité. Nous ne sommes pas pour autant habitués dans nos sociétés à exprimer de la gratitude : « Je suis très touché par le service que tu m'as rendu », « Je suis honoré par la confiance que tu me prêtes », « Je te suis redevable pour toute l'aide que tu m'as apportée »… Cette gratitude doit s'exprimer à l'occasion de moments importants.

Celui qui exprime de la gratitude dévoile ses sentiments, engage une part de lui-même et indique à l'autre combien il est important pour lui. Ainsi, il y a une très grande différence entre dire à quelqu'un « C'est un très bon travail » et « Je suis sensible aux efforts que tu as faits pour réaliser ce très bon travail ».

Évidemment, ce type de propos n'a de sens que s'il est parfaitement sincère.

La forme du remerciement et l'expression de la gratitude ont une importance capitale. Il faut y mettre du cœur et de la chaleur. Si le remerciement et la gratitude ne sont qu'une convention, ils perdent toute leur utilité !

LA CONVIVIALITÉ EST LE NID DE LA BIENVEILLANCE

Créer de la chaleur semble une évidence, et pourtant, peu de cadres savent offrir un vrai sourire. Dans notre culture, le sourire s'apparenterait à une faiblesse, à une niaiserie ou bien à un comportement machiavélique. C'est pourquoi il est si fréquent d'observer chez les managers une préférence pour les attitudes « rudes » quand elles ne sont pas « rugueuses ».

Le sourire contre le mépris

Benjamin est comptable dans une grande entreprise industrielle. Il aime discuter avec le directeur du contrôle de gestion. Ce matin-là, en prenant un café, le directeur financier salue froidement son directeur du contrôle de gestion comme d'habitude, et fait mine de reconnaître Benjamin : « Ah, le petit monsieur de la comptabilité ! » D'habitude, le directeur financier fait semblant de ne pas le voir. Benjamin ne sait pas comment il doit interpréter cette remarque. Pas de sourire, pas de chaleur, et il se sent en réalité méprisé.

S'il est un comportement dont on perçoit les dégâts sur la confiance et la Bienveillance dans les rapports interpersonnels, c'est le mépris. L'origine du mépris est dans l'esprit de celui qui se croit supérieur aux autres et qui les prend de haut. Cet état d'esprit est contraire à l'humilité et l'ouverture aux autres qui sont le fondement d'une relation saine entre les hommes et les femmes.

Avoir un mot amical et convivial

Si nous n'avons pas toujours l'habitude de souligner le positif (ce qui serait pourtant une bonne chose avant de s'attarder sur ce qui ne va pas), il nous est encore moins naturel d'avoir un mot amical et de créer un moment convivial avant de rentrer dans le vif du sujet. Ce type d'attention au quotidien nécessite des efforts et une forme de discipline personnelle pour qu'elle ne devienne pas mécanique. Les résultats vont toujours bien au-delà des efforts.

JUGER LES ACTES ET NON LES PERSONNES

L'entreprise devant avant tout être efficace, les hommes et les femmes qui la composent doivent rendre compte très régulièrement de ce qu'ils font. Selon le principe de responsabilité, ils doivent répondre de leurs actes devant d'autres. À la fin, il faut bien juger de la qualité d'un acte. Et le jugement peut être très négatif si la personne concernée s'est lourdement trompée.

Cependant, il ne faut jamais confondre l'acte et la personne qui l'a accompli. Par exemple, on peut juger particulièrement décevante la performance d'un commercial, ses contacts très espacés avec les clients, son analyse du marché très insuffisante, mais on ne lui dit pas qu'il est « complètement incompétent », « nul », qu'il est « un bon à rien ». On peut même se séparer de lui, tout en lui faisant comprendre qu'il n'est pas fait pour ce métier, mais on ne doit pas l'enfermer dans un jugement définitivement négatif dont il risque d'être prisonnier pendant des années.

> **Respecter les personnes, c'est réussir à les dissocier de leurs actes.**

Respecter les personnes, c'est réussir à les dissocier de leurs actes, et donc reconnaître la part de mystère et de sacré qui est au fond de tout être humain, et qui, elle, ne peut être soumise à un jugement humain.

Malheureusement, combien de managers, souvent sous le coup de la colère, portent un jugement définitif sur leurs collaborateurs ? Ce type de jugements péremptoires confond l'acte et la personne, et peut porter un très grave préjudice à l'homme ou à la femme qui en est victime.

Si, bien entendu, la part de talent permet à certains d'être opérationnels et efficaces sur un poste très rapidement, d'autres auront besoin de travailler et de s'accrocher pour réussir. Stanislas Wawrinka, le joueur de tennis suisse dans l'ombre de Roger Federer, un des tout meilleurs mondiaux au tennis, a dû travailler sans relâche pour gagner un jour Roland Garros. Si on lisait les commentaires des journalistes experts et si Stanislas y avait attaché de l'importance, il n'aurait même pas dû participer à la finale, tant ses chances d'aller jusqu'au bout étaient infimes !

La compétence n'est pas universelle. Nombre de dirigeants, après de brillantes carrières, sont débarqués brutalement de leur poste parce qu'ils ne sont pas assez efficaces. Sont-ils devenus incompétents du jour au lendemain ? Bien sûr que non… Mais ils ont à affronter une situation totalement nouvelle pour laquelle ils n'étaient pas préparés. Ou bien, ils ont changé d'entreprise et n'arrivent pas à s'adapter à la culture de leur nouvelle « boîte » qui est à l'opposé de ce qu'ils ont connu avant…

Clément a fait toute sa carrière dans deux entreprises américaines. Il est le responsable pour l'Europe des activités de l'une d'entre elles quand il est « chassé » pour prendre la direction d'une entreprise française en difficulté. Enfin, il va être PDG ! Il fait valoir toute son expérience de « patron » en charge d'un très important chiffre d'affaires qui croît très vite. Il est embauché. Les actionnaires lui « donnent les clés du camion ». Il est le seul maître à bord et doit prendre des décisions, tous les jours et sur des sujets urgents et difficiles, car la situation de l'entreprise n'est pas bonne. En réalité, les actionnaires découvrent que Clément a du mal à endosser ses nouvelles fonctions. Dans l'entreprise américaine, il était plutôt le coordinateur de décisions prises aux États-Unis. Ses trop nombreuses hésitations mettent en danger l'entreprise et amènent ses collaborateurs à douter de lui. Il est dans une situation très difficile et est finalement remercié, non sans avoir apporté de bonnes idées sur la stratégie marketing de l'entreprise. Clément n'est pas devenu incompétent. Il n'était pas encore prêt.

Le vrai risque du manager est de se prendre pour ce qu'il n'est pas. L'ego naturel des individus les pousse à penser qu'ils sont les seuls responsables de la réussite… quand réussite il y a. Dans la plupart des cas, ce n'est pas vrai. Leur réussite est autant une réussite collective qu'individuelle. En outre, très souvent, ceux qui ont réussi, ont aussi eu une part de chance. Ils ont bénéficié de circonstances favorables et totalement indépendantes d'eux-mêmes.

Dans le monde de l'entreprise, le pire ennemi du bon système de management est la « starisation » des dirigeants. Rien de tel pour pousser l'ego des dirigeants à l'incandescence et leur faire croire qu'ils sont au-dessus de tous les autres… et finalement au-dessus des réalités sur lesquelles ils viennent se fracasser !

CROIRE EN SES COLLABORATEURS
ET NE PAS LES ENFERMER DANS DES CATÉGORIES

Ce type de situations résulte de ce que l'on appelle l'effet de halo.

L'effet de halo ou les préjugés

L'effet de halo est un mécanisme de sélection qui invite à ne garder que quelques traits saillants d'une personne et à tout rapporter à ces traits-là. Par exemple, Pierre est un dirigeant qui a une excellente réputation. Il est très apprécié par ses collaborateurs. Chaque fois qu'il travaille pour la première fois avec d'autres personnes, sa réputation le précède et toutes ses attitudes ou ses positions sont connotées d'emblée d'une appréciation très positive.

L'inverse est encore plus vrai. En effet, la crainte que suscite une mauvaise réputation tend à déformer plus encore la perception qu'ont les collègues des agissements de l'intéressé. En d'autres termes, chacun est prisonnier de son personnage et il est très difficile d'en sortir.

Quentin a été mis sur la touche pour incompétence, mais en réalité, il ne s'entendait pas avec Thierry sur sa façon de mener le projet. Ce dernier passait son temps à lui demander des informations contradictoires et à le micro-manager. Quentin en a bavé pendant un an, puis un jour, épuisé par des tracas familiaux, après la énième humiliation de Thierry, il en a eu assez et a demandé à sortir du projet. Thierry, poussé lui-même par sa hiérarchie à se justifier sur cette défection, n'eut pour alternative que d'accabler Quentin sur son manque d'organisation et son incapacité à conduire les tâches à leur terme… La hiérarchie mit Quentin sur un projet technique sur lequel il n'avait aucune compétence, en espérant le voir démissionner, tout en propageant

*sur son compte la rumeur d'un comportement « inadéquate »,
créant ainsi des conditions invivables pour lui.*

On parle souvent d'effet Pygmalion pour décrire la prophétie auto-réalisatrice d'un individu quand ses performances sont d'autant plus améliorées qu'il reçoit des influences positives de son environnement. Croire en la réussite, en la bonne étoile d'un individu, augmente ses chances. Moins connu est l'effet Golem qui décrit exactement l'inverse. Le regard dépréciatif d'une autorité ou d'un environnement amène à restreindre le potentiel.

Les nombreuses expériences scientifiques réalisées sur des enfants sont frappantes. En 1968, Rosenthal et Jacobson, deux psychologues, divulguent de fausses informations à des élèves et à leurs professeurs dans une école de San Francisco sur leur test de QI : 20 % d'entre eux ont des résultats supérieurs à leurs résultats réels. Les enseignants ne sont pas au courant de l'expérience. Un an plus tard, les résultats de cette cohorte d'élèves se sont améliorés substantiellement (de 5 à 25 points aux tests).

En pensant qu'une personne a des caractéristiques dans tel ou tel domaine, nous modifions notre attitude vis-à-vis d'elle, et nous l'influençons. Elle augmente alors progressivement ces caractéristiques et l'exprime de façon plus importante dans le cas positif de l'effet Pygmalion, ou au contraire, dans le cas négatif de l'effet Golem, elle restreint ses potentialités.

En d'autres termes, chacun est très influencé par le regard de l'autre. Un regard positif valorise l'individu et le motive à s'appuyer plus encore sur ses qualités, et donc à les développer, tandis qu'un regard négatif isole l'individu des autres et le déprécie à ses propres yeux.

On voit donc bien à travers ces mécanismes combien puissante peut être une culture de Bienveillance quand elle se développe dans toute l'entreprise, car elle suscite plus de confiance, plus de motivation et plus d'énergie positive.

Chapitre 18

Le dialogue à tous les niveaux

« La parole libère » pour Marie Cardinal[1] qui, en verbalisant sa souffrance, réussit à réparer ses blessures. Et pourtant, en France, nous avons du mal à exprimer librement notre point de vue quand il diverge de celui du chef. Alors que notre système éducatif repose sur l'enseignement magistral et la dissertation, les Anglo-Saxons mettent l'accent sur l'interaction verbale et la libre circulation de la parole.

En réalité, pouvoir exprimer ses désaccords fait du bien à l'individu, et fait du bien à l'équipe. Le désaccord enrichit l'analyse. Il permet d'observer la réalité sous toutes ses facettes. La réalité est souvent bien plus complexe que l'idée que l'on s'en fait. Lorsque les désaccords sont verbalisés sans agressivité, ils permettent à chacun de mieux relativiser son point de vue et de mieux comprendre toutes les dimensions d'un problème. Chacun est moins obsédé par sa propre vision. Le point de vue de l'autre est mieux accueilli. Le niveau de tension baisse entre les membres de l'équipe. Au final, l'ensemble de l'équipe est plus à l'aise et les choses vont pouvoir avancer plus vite sans friction inutile.

Notre appréhension à exprimer un désaccord vient de la crainte que nos interlocuteurs le prennent de manière personnelle. C'est en particulier le cas dans la culture française. En France, la parole est vite sanctionnée quand elle

---

1. CARDINAL Marie, *Les mots pour le dire*, Grasset, 1975.

ne s'aligne pas spontanément sur celle du chef. Cela tient au côté très affectif de la culture française. De fait, nous avons du mal à nous comporter en adultes les uns vis-à-vis des autres car l'expression d'un désaccord risque d'être interprétée comme « tu es contre moi ». C'est pourquoi le « parler vrai » est si difficile en France, que ce soit dans l'entreprise ou dans la vie politique. Et c'est pour cela que les Français ont un rapport maladif à la vérité et qu'ils préfèrent souvent l'éluder que de la regarder en face.

Dans l'entreprise, ceci se passe à tous les niveaux. C'est vrai dans le cas de rapports hiérarchiques mais aussi entre les membres d'une même équipe. Notre culture nationale nous conduit spontanément soit au silence, soit à l'expression violente et agressive des désaccords.

Pour renverser la vapeur, le rôle du manager est absolument fondamental. S'il est naturellement porté à la liberté de parole et qu'il encourage ses collaborateurs à faire de même, il peut alors vraiment les aider à se désinhiber. C'est une condition nécessaire mais pas suffisante. Dans le cas contraire, un manager qui rabroue ses collaborateurs tue en eux définitivement le désir de prendre la parole.

Échanger est la seule manière de voir le réel. L'acceptation de la *parole libre* délivre ceux qui la profèrent de leurs propres exagérations, mais aussi ceux qui l'écoutent. En France, en particulier, il est bon d'insister avant chaque réunion sur le devoir que chacun a de dire ce qu'il pense vraiment. Ceci ne peut fonctionner que si une véritable culture de Bienveillance s'est installée dans l'entreprise.

Jean a pris la tête de l'entreprise depuis cinq ans et il est toujours surprise quand un de ses nouveaux collaborateurs, comme Marc, l'interpelle en réunion : « Jean, je ne sais pas si je peux le dire. »

Il lui répond : « Mais oui, mais vas-y, Marc, parle, dis ce que tu as à dire. Si on ne peut pas parler en vérité, alors nos réunions n'ont aucun intérêt. » Jean veut que la parole « vraie » libère les blocages et permette de résoudre les problèmes en les posant carte sur table.

La liberté de parole suppose de pouvoir dire ce que l'on a sur le cœur avec son supérieur hiérarchique sans qu'il y ait de jugement de sa part. Le manager doit en effet pouvoir accueillir les propos avec discernement mais tolérance. La parole libre suppose la confiance. Elle n'est possible que si le manager a su se mettre en position de soutien et d'accompagnement de ses collaborateurs.

> **La parole libre suppose la confiance.**

Il faut imaginer que cela n'est possible que s'il existe un lâcher-prise de la part du manager. Vouloir tout contrôler ne permet pas la parole libre, car le manager qui agit ainsi donne le sentiment à la personne qui s'exprime devant lui qu'elle est immédiatement jugée.

Le lâcher-prise fait ici référence à la posture qui vise à donner suffisamment de marge de manœuvre à ses collaborateurs pour qu'ils puissent faire preuve de créativité dans l'accomplissement de leur mission. Ces marges, aussi minimes soient-elles, insufflent un vent d'oxygène libérateur d'énergie dans toute l'entreprise.

En temps de crise, la tentation est forte, pour s'assurer du résultat, de vouloir tout contrôler, et d'accentuer la pression sur les collaborateurs. Face à l'incertitude, la tendance est en effet de normaliser les processus et de resserrer les contrôles. Face à la peur de voir ses chiffres ne pas se réaliser, beaucoup de managers ont tendance à réagir en contrôlant les moyens plutôt qu'en dialoguant avec leurs collaborateurs pour chercher ensemble les bonnes solutions.

> " La pratique de la parole vraie et libre est l'un des signes distinctifs d'une culture forte d'entreprise.

La pratique de la parole vraie et libre est l'un des signes distinctifs d'une culture forte d'entreprise. C'est aussi ce qu'il y a de plus difficile à instaurer. Comme cette pratique engage profondément la liberté et le libre arbitre de chacun, elle ne peut pas être imposée. Elle ne peut pas procéder d'une décision du directeur général qui l'institue par décret. Elle ne peut venir que d'une pratique. C'est avant tout un exercice. Et plus la communauté s'y adonne, plus elle développe en chacun le sens et l'audace de la liberté de parole.

La liberté de parole éveille les consciences. C'est pour cela qu'elle peut se pratiquer à tous les niveaux de l'entreprise. Elle ne doit pas être l'apanage des dirigeants ou des managers. Chacun a le droit de s'exprimer librement, à la condition absolue de respecter la personne à laquelle il s'adresse. Chacun doit avoir voix au chapitre.

Emmanuel Jaffelin, philosophe,

auteur d'un *Éloge de la gentillesse en entreprise* (First, 2015)

Quelle complémentarité entre gentillesse et Bienveillance ?

La Bienveillance veille au gain et au grain.

L'entreprise commence à percevoir qu'il y a un changement de paradigme qui s'impose dans les R.H. Autrefois « monde dur » justifié par la concurrence à l'extérieur, elle se met à comprendre que *l'affrontement extérieur* suppose un *front commun à l'intérieur*. Fini, le « diviser pour mieux régner ». À l'heure des cyberguerres, le modèle militaire dans l'entreprise a du plomb dans l'aile. La Bienveillance y est donc regardée avec plus d'attention.

Bien veiller, n'est-ce pas veiller au bien ? Il y a au cœur de la Bienveillance une empathie qui permet à l'entreprise, non seulement d'éviter la démotivation, le *burn* et *bore out*, mais également de développer la motivation. À la différence de la gentillesse, la Bienveillance est une empathie qui suppose une hiérarchie : le n+1 peut être bienveillant avec le n-3, non l'inverse. C'est dire que la Bienveillance vient du haut et doit faire couler dans l'entreprise, non des sentiments mielleux, mais une bonne humeur, une atmosphère respirable qui structure, de manière invisible, la sociabilité dans l'entreprise et favorise, à moyen terme, la hausse de ses bénéfices. Après tout, le bien (*bene*, en latin) est autant dans le *bénéfice* (*bene ficium*, « bien fait » !) que dans la *Bienveillance*, (*bene volens*), non seulement par l'étymologie, mais par la force d'âme des responsables.

Bien répondre, c'est non seulement être un bon responsable, mais un responsable qui pond et répand le bien. Si Confucius (551-479 avant J.-C.) redéfinit le noble (*junzi*) par un élan du cœur et non seulement par la naissance, c'est parce que le sage fait du *ren*, la Bienveillance, un concept central de la vie morale.

Partie VI

Un manager bienveillant... sinon rien !

Nous avons vu au cours des chapitres précédents ce qui favorise ou non la Bienveillance dans l'entreprise, en particulier tous les comportements excessifs, pervers, égoïstes ou névrotiques qui détruisent la Bienveillance.

Nous avons également observé comment certaines formes d'organisation encouragent à la Bienveillance ou ont tendance à la tenir à l'écart.

La réalité est que la Bienveillance ne s'impose pas car son essence est d'ordre comportemental. Or, le comportement des hommes et des femmes, quelle que soit la situation, en famille ou dans l'entreprise, est ce qui engage le plus leur liberté et leur libre arbitre. Il faut donc faire avec la liberté et le libre arbitre de chacun, et pour cela, susciter l'adhésion personnelle des membres de l'entreprise à la pratique de comportements bienveillants.

Dans cette affaire, c'est-à-dire la création d'une culture de Bienveillance dans l'entreprise, l'exemplarité est le facteur socle de la réussite. Sans elle, rien ne peut se passer. L'exemplarité doit vernir d'en haut, bien sûr, mais aussi de tous les managers qui, tout au long de la chaîne hiérarchique, ont en charge d'animer les équipes.

Quel est donc ce comportement idéal que l'on attend du manager pour inspirer une culture de Bienveillance ?

Dans l'ordre humain, rien n'est totalement mécanique. De très nombreux facteurs influencent la bonne (ou moins bonne) relation que l'on tisse avec les autres. Dans le cas des managers cependant, il y a des fondamentaux incontournables, dans leur comportement, qui doivent être respectés pour assurer un climat de Bienveillance : donner sens à l'action collective, agir en soutien des collaborateurs, pratiquer la justice, éveiller les consciences et promouvoir l'exemplarité.

Rien ne peut se faire sans le manager, chef d'orchestre de la diffusion de la culture. Il est le 3e pilier de ce triptyque nécessaire à la propagation de la Bienveillance dans son équipe.

Chapitre 19

Donner sens à l'action collective

L'homme a besoin de comprendre ce qu'il fait pour donner du sens à son existence. Il n'y a rien de plus dommageable à la dignité humaine, mis à part la privation de la liberté, que d'être traité comme une machine, un robot.

L'homme a besoin de sens. Comprendre le sens de son action, pouvoir l'insérer dans une action collective plus large, être capable de la mettre en rapport avec la mission de l'entreprise : c'est tout cela que l'on désigne par « donner du sens ».

Le rôle premier des managers est un rôle de pédagogue. Et, comme toute pédagogie, celle du manager est fondée sur la répétition. Il faut répéter sans cesse le pourquoi des choses.

Le tort de beaucoup de managers est de ne s'intéresser qu'au « comment » en oubliant le « pourquoi ». Tous ceux qui ont exercé des responsabilités savent combien la pression du quotidien, dans les entreprises, a tendance à l'emporter sur tout le reste. Les responsables sont souvent débordés et accaparés par la multitude des tâches à faire. Ils en concluent qu'ils n'ont pas le temps de s'occuper de leur équipe et leur donnent des instructions plus qu'ils ne les instruisent. Ils ne sont pas conscients, en opérant ainsi, de tous les dégâts provoqués par leur attitude.

> 66 Le tort de beaucoup de managers est de ne s'intéresser qu'au « comment » en oubliant le « pourquoi ».

Charles sort de sa bilatérale avec son chef au siège. Celui-ci doit mettre en place un plan d'action concret pour améliorer les indicateurs de performance de son entité. Son chef a confiance en lui et il ne veut pas le décevoir. Charles gère cinq cents collaborateurs et a douze personnes en rattachement direct. Il enchaîne sa journée au siège avec le marketing groupe, les ressources humaines, la qualité… après une journée exténuante, il voit les vingt nouveaux e-mails qu'il a reçus sur son téléphone portable et auxquels il doit apporter une réponse. Il le fera dans le train de retour. Enfin installé dans le TGV, il répond méthodiquement à chacun. Ces tâches réalisées, il ne lui reste plus qu'une heure avant d'arriver en gare et il voudrait avoir fini pour pouvoir profiter de sa famille ce soir plutôt que de travailler. Demain, il n'aura pas le temps : il est pris sur le terrain toute la journée avec les organisations syndicales. Il construit alors un plan d'actions détaillées pour chacun de ses douze collaborateurs. La liste est précise : « quoi faire », « comment le faire », « à quelle échéance ». Après tout, se dit-il, ses collaborateurs sont assez grands pour mettre en place ses directives. Il envoie par la suite à chacun d'entre eux la liste des tâches. Recevant l'e-mail à 21 heures, envoyé de chez Charles, la connexion wifi ne fonctionnant pas dans le TGV, ses collaborateurs voient leur liste de travail s'allonger alors qu'ils ont déjà tant à faire, et ne comprennent pas pourquoi ces nouvelles orientations…

Des employés qui comprennent ce qu'ils font sont non seulement plus attentionnés à leur travail et donc plus efficaces, mais sont aussi plus réactifs, plus inventifs. Ils peuvent faire des suggestions pour améliorer le produit ou le service, ou encore la manière de l'exécuter. Ils entrent plus facilement en relation avec leurs collègues pour échanger sur la manière de faire. Ils parlent plus facilement à leur chef car ils se sentent davantage sur un pied d'égalité.

Ainsi, donner du sens éveille la conscience de l'équipe et participe à la création d'un bon (ou d'un meilleur) climat entre les personnes.

Mais qu'est-ce que « donner le sens » exactement ? C'est en réalité une question très difficile. Le vrai sens d'une action est toujours donné par sa participation à la réalisation de quelque chose qui est beaucoup plus grand qu'elle.

Par exemple, il est plus facile de comprendre ce que fait Apple et d'appréhender sa place dans le monde quand on nous dit qu'Apple participe à une révolution dans les rapports humains par le truchement de la technologie numérique, plutôt que lorsqu'on se contente de nous spécifier que cette firme est un producteur de téléphones portables.

De même, on perçoit mieux ce qu'est Google et son apport au monde quand on nous dit que Google participe à l'émergence d'un mode révolutionnaire de diffusion des connaissances partout dans le monde, que lorsqu'on nous donne la seule information que cette entreprise stocke un grand nombre de données.

Il est aussi plus percutant de raconter que Saint-Gobain accompagne les métiers du bâtiment dans la transition énergétique que de dire que ce groupe rassemble plusieurs métiers en rapport avec le bâtiment.

Ou encore, il est beaucoup plus attractif d'affirmer que Peugeot-Citroën ou Renault contribuent à la résolution du problème de la mobilité individuelle de demain que de dire qu'ils fabriquent des voitures.

Ce rapport du sens avec ce qui le dépasse est au cœur de l'entreprise moderne, comme il est au cœur de la vie politique et de la vie personnelle de chacun de nous.

> **La question du sens est d'abord posée par la vision qu'en expriment les managers de l'entreprise.**

Dans l'entreprise, la question du sens est d'abord posée par la vision qu'en expriment ses managers. La vision se rapporte par définition à ce qui dépasse le quotidien de l'entreprise, son objet social, ses méthodes, ses procédures, et même ses produits ou ses services. La vision va au-delà. Elle participe à l'avènement d'un monde meilleur et, de ce fait, incorpore plus ou moins des buts d'intérêt général.

Et surtout, répondre aux besoins de sens pour un collaborateur consiste à expliquer le sens de l'action collective en prenant le temps de détailler comment cela se traduit dans son travail au quotidien.

Chapitre 20

Agir en soutien des collaborateurs

Certains dirigeants d'entreprise proclament que l'on ne doit jamais faire de compliments à ses collaborateurs ni entrer dans une démarche d'encouragement : les chefs ne seraient là que pour souligner ce qui ne va pas et réprimander les coupables. Quelle erreur anthropologique grossière !

En procédant ainsi, la hiérarchie laisse s'installer une culture du « dû » dans l'entreprise : tout est dû aux chefs, qui ne donnent rien en retour. Le résultat ne se fera pas attendre : les employés seront portés à la passivité et au désengagement avec le risque que leur colère rentrée dégénère un jour en révolte.

À l'inverse, la reconnaissance, témoignée dans la vérité, établit peu à peu une culture du « don » dans l'entreprise : « Je reconnais ce que l'autre me donne, et de ce fait, je me sens encouragé à donner moi-même davantage… », et ainsi de suite. C'est le cercle vertueux du don qui établit la culture de Bienveillance et l'instaure dans les mœurs et le vécu de l'entreprise.

Car, surtout si c'est dans le cadre du travail, cela fait tellement de bien d'entendre un merci, droit dans les yeux, chaleureux et sincère ! Ce merci invite à vouloir recommencer. Ce geste a d'autant plus d'importance que les collaborateurs guettent les moindres paroles, les moindres gestes qui leur montrent que leur hiérarchie est à leur écoute.

Emilia avait l'habitude de faire de nombreuses propositions d'amélioration de processus à son chef sur les revues budgétaires. Éric, toujours attentionné et précautionneux, lui disait que c'était intéressant mais posait soigneusement le dossier sur la table en remettant à plus tard la considération des propositions. Emilia se disait que finalement, cela ne servait à rien. Julien, son nouveau directeur, prêtait une oreille bien plus attentive et l'encourageait à continuer.

Les nouvelles générations, contrairement à leurs parents, pensent qu'elles ne bénéficieront pas d'un cadre juridique protecteur pour leur emploi, et qu'elles seront amenées à changer plusieurs fois d'entreprises dans leur vie professionnelle.

À l'opposé de la sécurité des Trente Glorieuses, existera une forme de précarité du salarié « nomade » qui verra peut-être l'émergence de comportements plus mercenaires et consuméristes vis-à-vis de l'employeur. Ces jeunes générations attendront un échange gagnant-gagnant où elles pourront apprendre, accumuler des compétences nouvelles, se développer et avoir du plaisir dans leur travail.

Les attentes de cette nouvelle génération seront ainsi plus grandes vis-à-vis de leur manager : ce dernier devra donner du sens à leur travail, leur permettre de s'améliorer, leur apporter un plus dans leur carrière et répondre à leurs aspirations personnelles.

Lucie est web designer. Elle est démarchée tous les jours par des chasseurs de têtes digitaux qui lui promettent un salaire plus attractif. Pour l'instant, elle a décidé de rester dans son entreprise. Son chef est « super » : il lui donne une pleine autonomie et lui permet d'apprendre constamment en la mettant sur des projets qui traitent de l'écologie, un écosystème dans lequel elle veut évoluer plus tard. En plus, il lui permet de s'organiser avec flexibilité (travailler à distance quand nécessaire en fonction des contraintes projets) du moment que le travail est bien fait. Il a compris qu'elle avait besoin de s'épanouir au travail, qu'elle ne voulait pas seulement un job alimentaire.

Soutenir un collaborateur, c'est l'aider à prendre toute sa place dans le rôle qui est le sien, et pas simplement à lui venir en aide dans l'exécution de sa tâche quand il en a besoin.

> " Soutenir un collaborateur, c'est l'aider à prendre toute sa place dans le rôle qui est le sien.

C'est l'aider à prendre de la distance par rapport à sa mission. À bien définir ses priorités. À mesurer les ressources qu'il devra mobiliser. À s'assurer avec lui qu'il en disposera en temps et en heure. C'est aussi l'aider à réfléchir quand le sujet devient complexe, lui apporter les éléments qui lui font défaut pour avancer. C'est encore savoir l'aider à changer de voie quand il s'embarque sur une voie sans issue, sans le juger, ni le blâmer.

Bertrand était très exigeant et très culpabilisateur vis-à-vis de ses équipes quand une erreur était commise. Il manifestait d'autant plus son agacement quand ses recommandations n'étaient pas suivies à la lettre. Dans sa vision, il commandait et contrôlait ce qui devait être réalisé. Il avait tendance à ressasser lourdement ce qui n'avait pas été bien fait, en pensant que cela éviterait que se reproduisent les mêmes « fautes ». Un jour, son plus proche collaborateur démissionna en lui disant combien il avait souffert de son mode de management si brutal. Bertrand en fut affecté. Après s'être remis en cause et avoir été accompagné en coaching, il décida dans un premier temps d'être plus flexible dans son style et de l'adapter en fonction du degré de maturité et de compétence de ses collaborateurs. Progressivement, il se mit en tête qu'à chaque interaction avec ses n-1, il serait dans le soutien et le renforcement positif. À chaque entretien, il s'efforça d'encourager et de souligner systématiquement ce qui avait été bien fait. Il exprimait également ce qui le dérangeait en prenant soin de ne plus « enfoncer » ses collaborateurs. Au début, cela lui semblait peu naturel, hypocrite, voire manipulateur, mais au bout de quelques mois, il se rendit compte que ses collaborateurs le suivaient plus facilement et acceptaient de s'améliorer dès qu'il appuyait et mettait en avant leurs qualités, leurs points forts et ce qu'ils avaient bien réalisé.

Dans bien des cas, le manager moderne s'apparente à un coach. Il s'agit d'accompagner le collaborateur, c'est-à-dire d'être très proche de lui sans jamais se mettre à sa place.

Naturellement, cela demande du temps et du savoir-faire. C'est une dimension du management que les entreprises doivent désormais prendre en compte. Ceci veut dire qu'elles doivent s'organiser en conséquence, en particulier dans deux domaines : la définition de la mission du manager qui doit insister davantage sur son rôle d'animateur d'équipe et de coach de chacun de ses membres, et la formation des managers à l'animation et au coaching.

Le soutien des collaborateurs est une tâche essentielle et non pas accessoire. C'est une posture fondamentale du management et non pas une option. C'est la seule manière de créer de proche en proche de la proximité entre les collaborateurs de l'entreprise et leur hiérarchie. La proximité crée l'empathie. L'empathie est le terreau de la Bienveillance.

❝ L'empathie est le terreau de la Bienveillance.

PR Frank Bournois, directeur général de ESCP Europe, co-auteur avec E. Suleiman et Y. Jaidi de *La prouesse française – Le management du CAC40 vu d'ailleurs* (Odile Jacob, 2017)

Peut-on voir la Bienveillance comme critère d'analyse du haut potentiel ?

Si la question du potentiel a été essentiellement posée dans les années 1970, celle de la Bienveillance est typiquement une préoccupation du XXIe siècle. Cette interrogation est au cœur de la dynamique énergétique de toute organisation car elle pose la double question du vouloir et du pouvoir. Ce sont d'ailleurs les deux ingrédients les plus fréquents dans les théories visant à expliquer la motivation ! L'étymologie renseigne toujours sur le sens profond et on associe ici le *bene volens* (« bien vouloir ») et le *bene potens* (« bien pouvoir »).

Mais il y a une grande différence entre « vouloir bien » et « bien vouloir ». Tout spécialiste du maniement subtil de la langue française écrite nous rappelle que dans la correspondance « Je vous prie de vouloir bien faire ceci » est assimilable à un ordre hiérarchique alors que « Je vous prie de bien vouloir faire ceci » ressortit à une sollicitation aimable, empreinte d'attention et bienveillante.

Aussi est-il tout à fait possible de prendre en compte la Bienveillance dans la détection des potentiels de ceux qui seront à la tête des structures de demain.

Cinq raisons majeures pour recourir à la Bienveillance dans la gestion des potentiels

1. Les méthodologies classiques d'identification des potentiels sont souvent appliquées comme des filtres d'exclusion, sans Bienveillance. Elles sont souvent utilisées à l'instar d'un « tamis organisationnel » comme si la dureté de la méthode était garante d'efficacité en éliminant le plus grand nombre de candidats. C'est une erreur car le dispositif laisse de côté des profils avec des qualités réelles.

2. Les pratiques de sélection actuelles se fondent largement sur les profils existant déjà en interne. L'observation attentive des populations de salariés confirme que l'on fait de moins en moins carrière dans la même entreprise. La Bienveillance s'impose en prenant en compte d'autres profils de potentiels que ceux qui ont été fabriqués en interne.

3. L'incertitude croissante appelle des approches disruptives. L'imprévisibilité est de mise. Les plans à long terme ont toutes les chances de ne pas aboutir, comme Nassim Taleb l'a démontré parfaitement dans *Le Cygne noir, la puissance de l'imprévisible (Les Belles Lettres, 2008)*. Ainsi, les méthodes de détection doivent laisser plus de place à des entrées de profils à la fois plus jeunes et plus âgés. Ce n'est pas nécessairement parce que l'on est très jeune que l'on doit attendre pour exercer des responsabilités ; de même, des profils plus seniors peuvent apparaître sur le tard alors qu'ils ne figurent pas sur les listes de potentiels. Une Bienveillance générationnelle s'impose alors.

4. La création de start-up et l'engouement pour l'entrepreneuriat conduit à repenser les critères loin de ceux de la grande entreprise. L'apprentissage de la réussite et de l'échec a des conséquences plus intenses dans la petite structure. La Bienveillance amène à envisager l'échec et la réussite avec des prismes différents.

5. La Bienveillance devrait être prise en compte comme un critère du potentiel. Les critères de potentiel concernent souvent les capacités intellectuelles, de prise de décision, d'adaptation, d'énergie… Le fait d'exercer un management reconnu comme bienveillant pourrait entrer légitimement dans la liste des critères de détection et de développement du haut potentiel.

Ces cinq raisons pourraient paraître suffisantes pour prendre une nouvelle orientation en matière de gestion du potentiel. Mais le changement sera lent tant la Bienveillance est encore, dans trop d'esprits, synonyme de laisser-faire.

Chapitre 21

Pratiquer la justice

La justice a deux dimensions dans l'entreprise. D'une part, elle est rattachée à la notion d'*équité*, et d'autre part à la notion de *justesse* (au sens de ce qui s'ajuste bien). Dans cette perspective, on peut dire qu'une décision est juste quand elle est équitable et ajustée à la situation qui l'a causée.

La dimension d'*équité* est celle qui est la plus scrutée par les employés. Que cela concerne les salaires, les primes, les bonus, les promotions, la répartition des tâches, l'organisation des responsabilités, le partage de la charge de travail, chacun regarde ou se renseigne pour savoir s'il a été traité équitablement par rapport aux autres.

Cette dimension est évidemment essentielle. Que l'équité soit régulièrement bafouée et la méfiance devient la règle. Le favoritisme chasse la confiance. Il crée des jalousies inextinguibles entre des personnes qui ne peuvent plus coopérer facilement. Des rumeurs courent sur les uns ou les autres. Elles enflent la réalité, mais, parce qu'elles sont crédibles, elles deviennent des vérités… ainsi se crée un cercle vicieux de l'iniquité qui détruit les fondements du bien-vivre ensemble dans l'entreprise.

Le manager doit donc veiller en toutes circonstances à avoir un comportement équitable. Mais l'équité n'est pas l'égalité, et encore moins l'égalité absolue. L'équité signifie :

> Le manager doit veiller en toutes circonstances à avoir un comportement équitable.

« Nous sommes quittes », c'est-à-dire que l'un a été rétribué en juste proportion de ce qu'il a apporté (quelle que soit la forme de la rétribution).

L'autre dimension de la justice se rapporte à la *justesse*. Dans ce sens, est juste l'acte qui est ajusté à la situation à laquelle il s'applique. C'est une notion essentielle dans l'entreprise. Car celle-ci ne fait que s'ajuster en permanence à des milliers de circonstances nouvelles : il faut s'ajuster à la demande des clients, à l'action des concurrents, à l'évolution des lois et règlements, à la pression de l'environnement, aux nouvelles technologies…

L'entreprise moderne est un corps en déformation permanente. Et la tendance à la déformation s'accélère sous la pression de la mutation numérique de l'économie… Dans ce contexte, l'entreprise qui ne s'ajuste pas meurt.

> **S'ajuster à chaque situation demande du travail, de la précision et une certaine précaution.**

Les managers portent le poids de l'ajustement. C'est leur mission de tous les jours. S'ajuster demande du travail, de la précision et une certaine précaution. Pour réussir les bons ajustements, il faut de la coopération entre les collaborateurs concernés dans l'analyse de la situation, les conclusions qu'on en tire et la mise en œuvre de celles-ci.

Denis savait que son prédécesseur avait créé une organisation avec des « chouchous ». Tout le monde le savait et le sentiment d'injustice était fort. À chaque fois qu'un des protégés demandait l'aide d'un collègue, ces derniers, par mesure de représailles dissimulées, se débrouillaient pour bloquer l'information en prétextant un problème de système informatique, en faisant parvenir les analyses le plus tardivement possible… Au fil du temps les rancœurs se cristallisaient dans toute l'entité, empoisonnant les relations. Les dénigrements ostensibles accentuaient les jalousies. Certains auraient eu intérêt à coopérer pour partager des bonnes pratiques ou à faire avancer un projet commun, mais les animosités personnelles étaient trop fortes. À son arrivée, Denis eut donc fort à faire. Il décida d'assainir les principes de fonctionnement des équipes en les partageant et les construisant avec tous. Certaines mesures symboliques aidèrent à exprimer ces changements : supprimer les voitures de service accordées « à la tête du client », plus de bureaux seuls sans réelle nécessité… Au fil du temps, les uns et les autres comprirent que leur nouveau patron se faisait un point d'honneur à les considérer avec justice et équité. Le terrain était prêt pour établir des relations apaisées entre les uns et les autres, indispensables à la coopération.

L'ajustement s'opérera d'autant plus facilement que la parole circule librement dans les équipes, que celles-ci comprennent le sens de leur mission et que les personnes les plus concernées par les transformations à opérer seront traitées avec équité… car tout est lié !

Chapitre 22

Être exemplaire

Dans notre société de défiance envers les institutions, les responsables politiques, et en fin de compte tous ceux qui ont le pouvoir, l'exemplarité est plus que jamais un impératif. Le citoyen et le salarié ne croient plus à ceux qui incarnent le pouvoir s'ils ne sont pas exemplaires.

Ce que chacun observe, ce dont chacun est témoin l'emporte sur tout le reste. Le témoignage prévaut, et de loin, sur les paroles. Le témoignage touche les gens au cœur et leur révèle les bonnes aspirations qu'ils ont en eux. Dans l'entreprise, à tous les niveaux, les dirigeants ont un devoir d'exemplarité. Ils doivent être les relais des valeurs qu'ils proclament. Que de chartes de valeurs dans les entreprises ! Que d'exhortations à se comporter de telle et telle façons, qui rappellent les comportements modèles, les valeurs fondamentales que chacun est invité à imiter ou vivre ! Mais malheureusement, tellement peu de gens clairs et nets, qui vivent ce qu'ils disent et disent ce qu'ils vivent, en particulier au sommet de la hiérarchie. Que de « politique » à la direction ! Que d'hypocrisie ! Que de langue de bois ! Que de méfiance, de jalousie, et parfois, de coups bas !

Qu'on ne s'y méprenne pas : tout est observé, scruté et analysé. Rien n'échappe au regard vigilant des collaborateurs, et si les dirigeants n'incarnent pas ce qu'ils proclament, alors

> **" Si les dirigeants n'incarnent pas ce qu'ils proclament, alors tout est pire que s'ils n'avaient rien dit et rien fait.**

tout est pire que s'ils n'avaient rien dit et rien fait : car les valeurs qui sont bafouées par ceux qui les proclament produisent l'effet inverse de celui recherché. Elles deviennent des contre-valeurs et génèrent les comportements à l'opposé de ceux qu'elles voudraient susciter.

Depuis quatre ans, Louis travaille dans un grand magasin de vêtements de prêt-à-porter. Son ancien patron était encourageant. Très professionnel, il savait aussi prendre le temps de rire et de plaisanter, et saisir ces moments où mettre de la joie dans le quotidien des journées. Mais depuis qu'Alexis, le nouveau directeur de région, est arrivé, rien ne va plus. Alexis a voulu intervenir pendant le comité de direction de Louis avec tous ses n-1. Louis a accepté, mais lors de cette réunion, Alexis s'est insurgé contre lui sur le fait qu'il employait des intérimaires. Louis n'avait pas le choix car il lui était impossible de faire fonctionner son entrepôt et son magasin sans ces derniers et, ainsi, réaliser ses objectifs de vente. Alexis est rentré dans une colère noire en sommant Louis de cesser immédiatement cette pratique devant tous ses collaborateurs. Le lendemain, blessé par un tel comportement, Louis entre dans le bureau de son chef pour lui signifier qu'il préfère que ne se reproduise pas ce genre d'altercation devant son Codir car cela le met en situation difficile « managérialement parlant ». Alexis reste silencieux et fait signe d'acquiescer. Le lendemain, ce dernier envoie un e-mail à Louis se plaignant de son attitude peu coopérative et l'invitant à mettre en œuvre la décision qu'il a prise. De surcroît, Alexis met en copie de cet e-mail le patron du groupe…

Le manager est regardé, scruté par son équipe et aussi les autres. Plus que d'autres dans l'entreprise, il lui est demandé de vivre ce qu'il dit. La plupart des managers s'efforcent de le faire. Et ils pensent honnêtement y arriver.

Cependant, nous sommes tous les plus mauvais juges de nous-mêmes. Le manager n'échappe pas à cette observation. Dans le domaine de l'exemplarité, le pire ennemi du manager, c'est lui-même, c'est-à-dire toute cette part de lui-même qui lui est inconnue et dont il a du mal à réaliser comment les autres la perçoivent.

Brigitte est la patronne du service client. Elle sait combien il est important d'être à l'écoute des clients. Pourtant, elle a beaucoup de mal à maîtriser son stress face aux exigences de son travail et demande le maximum aux équipes. Dès le début de la journée, tout s'enchaîne, les réunions, les e-mails, le tourbillon du quotidien. Brigitte perd régulièrement son calme et sort d'elle-même jusqu'à en être brutale. Elle qui pense être présente pour ses collaborateurs consulte son téléphone en réunion avec eux pour voir si une demande d'un client mécontent n'est pas encore tombée ; elle n'est que peu présente « pour » eux… le plus important, c'est le client !

Durant son temps libre, engagée dans de nombreuses œuvres caritatives, elle aime à raconter que ses amis louent ses qualités de cœur. Elle est férue de développement personnel et vient de faire un stage sur la communication non-violente. Elle est persuadée d'être attentionnée et bienveillante…

« Connais-toi toi-même » disait Socrate. Il voulait signifier par là que toute une vie ne suffit pas à bien se connaître, mais que le but d'une vie sage est de toujours mieux se connaître à défaut de se connaître parfaitement.

Améliorer la connaissance de soi : c'est l'une des tâches fondamentales du manager. Pour lui-même d'abord et pour les membres de son équipe ensuite.

> 66 Améliorer la connaissance de soi : c'est l'une des tâches fondamentales du manager.

Dans la vie professionnelle, il y a deux voies royales pour progresser dans la connaissance de soi. La première est de s'entretenir régulièrement avec son chef. La seconde est d'être régulièrement évalué par ses pairs.

L'entretien régulier avec son chef est l'une des clés du bon management dans l'entreprise. Le but de l'entretien n'est pas de se précipiter sur la liste des sujets à traiter, mais d'évaluer où en est le collaborateur dans l'accomplissement de sa mission, de l'aider à prendre de la distance par rapport aux tâches de la vie quotidienne, de repérer les points difficiles, et surtout de sonder son état d'esprit : est-il à l'aise, tendu, débordé ? Qu'a-t-il découvert de lui-même, des autres, du fonctionnement de l'entreprise ? Quelles sont les craintes qu'il a pour l'avenir (peur de ne pas y arriver, manque de ressources, difficultés avec un ou plusieurs membres de son équipe…) ? Qu'est-ce qui le rend heureux ou malheureux dans ce qu'il fait ?

Le but de l'entretien est que le collaborateur rende compte à son chef de tout ce qu'il vit sans jamais se sentir jugé (ce qui est la condition *sine qua non* pour que le collaborateur livre ses pensées en vérité). Car qui ne rend pas compte… ne se rend pas compte !

Un entretien bien conduit a non seulement une grande valeur pour le chef, mais plus encore pour le collaborateur qui va apprendre des choses sur lui et son environnement.

L'autre voie royale pour mieux se connaître est de se faire évaluer par ses pairs. De nombreuses méthodes existent. La plus radicale est l'évaluation à 360 degrés. Elle peut être faite avec des collègues de même niveau, mais aussi impliquer des collaborateurs de niveau inférieur ou supérieur. C'est un exercice couramment pratiqué dans les pays anglo-saxons, mais beaucoup moins en France où il est vécu comme intrusif et potentiellement destructeur de crédibilité et d'autorité.

En réalité, c'est un exercice très utile s'il est bien fait. Il doit porter sur l'analyse des comportements et la manière dont chacun ressent le comportement de telle personne à son égard et évalue son propre comportement par rapport à elle. Dans cet exercice, chacun apprend beaucoup sur lui-même, surtout si l'évaluation s'accompagne d'un entretien avec une personne extérieure à l'entreprise qui aide à décrypter les réponses des pairs ou des collègues.

Ainsi, il sera beaucoup plus facile à un manager de combler ses lacunes comportementales s'il part d'une analyse objective faite de lui-même en situation. Car la condition pour s'améliorer est d'abord de se connaître, puis de s'accepter.

Benoît est un manager expérimenté. Bourru, il dirige d'une main de fer le plus grand entrepôt de la région à Rennes. Il est convaincu d'être clair quand il s'exprime, de faire son travail avec une grande habileté et d'être respecté par ses collaborateurs. D'ailleurs, son supérieur fait peu de commentaires car il est basé à Paris et a peu l'occasion de le voir en relation avec ses équipes. Récemment, Benoît a accepté de donner des cours dans une école de commerce. Les évaluations des participants sur leur professeur sont sans appel : Benoît est difficile à suivre dans ses explications. Quel choc ! Lui qui pensait depuis des années être clair et précis.

Passé la surprise, Benoît, lucide, suspecte alors que les retours de ses collaborateurs ne reflètent pas la réalité. Ces derniers étant dans une relation hiérarchique n'osent pas toujours lui dire la vérité, notamment sur sa façon de les manager, d'autant que l'homme impressionne du haut de ses 1 mètre 95, avec sa voix de basse ; il intimide avant même d'avoir prononcé un mot !

Il décide de mettre en place un système de feedback *anonyme pour connaître les comportements qu'il doit changer. En étant exemplaire, et en étant lui-même prêt à s'améliorer, il se sent plus légitime pour demander des changements à ses collaborateurs.*

L'exemplarité ne procède pas seulement de la volonté. Personne ne se change vraiment en agissant tout seul à la force de ses « petits » bras. L'exemplarité procède aussi d'un travail à accomplir sur soi-même pour mieux se connaître par le truchement des autres.

**François Dupuy, professeur au Cedep,
auteur du best-seller *Lost in management* (Seuil, 2011)**

Confiance et Bienveillance : deux ingrédients pour un nouveau management

Le thème du management par la confiance a fait son apparition depuis un certain temps dans le champ du management. Il est vu – à juste titre sans doute – comme une alternative crédible à un management coercitif (par le biais des process, des indicateurs et de systèmes de *reporting*) dont tout le monde se rend compte qu'il est à bout de souffle.

Et pourtant, la confiance au travail n'est pas une question simple. Elle implique chez ceux qui veulent capter celle des autres de renoncer à certaines pratiques quasi constitutives de la vie collective : la rétention de l'information par exemple, ou la préservation de tout ou partie de l'incertitude de son comportement. En somme, le manager souhaitant obtenir la confiance de ses collaborateurs doit se livrer à un véritable arbitrage entre la part d'imprévisibilité qu'il souhaite conserver car elle conditionne son pouvoir réel (par opposition au pouvoir hiérarchique) et la prévisibilité qui permettra à ses collaborateurs d'anticiper ses réactions, et donc de se mouvoir dans un univers moins incertain.

Cela ne constitue pourtant qu'un élément du puzzle. Le deuxième concerne la Bienveillance au travail. Ce mot, vague pour beaucoup, a pourtant un sens précis, surtout dans la culture française. Il signifie que le premier regard porté sur l'action de l'autre n'est pas un regard de jugement mais un regard de compréhension. Ce dernier mot n'est pas utilisé ici dans un sens laxiste d'acceptation de ce qu'a fait l'autre, mais bien dans une perspective de compréhension du pourquoi il l'a fait et du contexte dans lequel il l'a fait. Pour le dire autrement, la Bienveillance rejette la démarche de recherche immédiate de la culpabilité pour se tourner vers une posture positive consistant à comprendre avant de juger.

Ainsi, confiance et Bienveillance sont-elles complémentaires pour permettre de tisser d'autres relations de travail que celles basées sur la suspicion et le contrôle. Rien de facile dans tout cela : pour reprendre une expression de Chris Argyris, il y a là une exigence de sortie des « routines défensives » qui demande du temps, de l'énergie, mais aussi du courage.

Nous vivons un moment historique de transformation économique et sociale provoqué par l'irruption des nouvelles technologies de l'information et de la communication (NTIC) dans toutes les sphères de la société.

Les entreprises n'échappent pas à ce phénomène. Sous la pression de la concurrence, elles ont même tendance à l'accélérer. Toutes les entreprises sont concernées, sans aucune exception. De plus, les NTIC ne sont pas seulement un nouvel outil à la disposition des entreprises, mais elles révolutionnent en profondeur leur *business model*. Dans ce sens, les NTIC sont un puissant accélérateur de changement.

La Bienveillance, c'est maintenant

La révolution digitale change la donne. Elle accélère l'émergence de nouvelles générations dont le rapport au travail et à l'autorité change. Les *digital natives* évoquent leur désir d'épanouissement davantage que de réussite. Leur lien à l'entreprise deviendra fugace s'il ne permet pas à l'individualité de se réaliser et de grandir dans une relation de confiance. La légitimité managériale n'émane plus de la position d'autorité mais réside dans la compétence perçue à accompagner, à faire « devenir soi », à créer et innover. Ce pari de collaboration ne fonctionnera qu'en plaçant la Bienveillance au cœur de la relation manager-managé.

Une mutation de la hiérarchie sociale, de l'autorité, des critères de confiance et des règles relationnelles est en marche dans la société occidentale. La généralisation des systèmes de notations sur Internet fait jurisprudence et institutionnalise de nouveaux comportements. L'accès au savoir de façon ouverte et immédiate, l'habitude de tout vérifier sur Internet remettent en cause le pouvoir des « sachants ».

Le dialogue permanent, sur les réseaux sociaux, internes ou externes à l'entreprise, et ce, sans contrainte, accentue une exigence du corps social vis-à-vis de la fonction managériale : permettre à chacun d'avoir le droit à la parole, de pouvoir contribuer à la décision, de pouvoir émettre son point de vue, et d'être reconnu. Le manager doit encore davantage accompagner le dialogue : la décision doit être débattue, argumentée avec ses collaborateurs. Désormais, le manager tire sa légitimité et son autorité de l'adhésion de son groupe. Face au partage du pouvoir, l'enjeu managérial est de réussir à fidéliser ses collaborateurs en leur permettant de trouver dans l'entreprise ce qu'ils peuvent y gagner au-delà d'un revenu, et de poser un regard généreux et de soutien sur ses collaborateurs.

Les collaborateurs de l'entreprise, à tous les niveaux, sont concernés par l'accélération du changement provoqué par les NTIC. Il leur faut d'une part s'adapter à ces nouvelles technologies, c'est-à-dire se former pour les connaître, les maîtriser et faire l'apprentissage de leurs usages. Il leur faut aussi s'adapter à des changements de manières de faire tant avec les clients et les fournisseurs qu'en interne entre les différents services de l'entreprise.

C'est une période à la fois exaltante par tous les horizons nouveaux qu'elle ouvre et en même temps inquiétante par les bouleversements potentiels qu'elle contient. Les employés des entreprises sont parfaitement conscients de tout cela. Beaucoup d'entre eux anticipent davantage les bouleversements que les opportunités. De leur point de vue, c'est une période de risques qui s'ouvre : risques pour leur emploi, risques de déclassement, risques pour leur entreprise elle-même.

Dans ce contexte, le rôle des managers est plus que jamais d'être à la fois des vecteurs du changement et des accompagnateurs des équipes dont ils ont la charge. Plus que jamais, dans un environnement stressant, la Bienveillance est de mise dans le management. Les dirigeants doivent comprendre que ce n'est pas une option mais un facteur nécessaire pour susciter l'adhésion des salariés aux grands changements à venir.

Au terme de cet ouvrage, il apparaît que la Bienveillance est à la fois une morale et une pratique, un savoir-faire et un savoir-être. Elle est un mouvement du cœur tout autant que de la raison et, pour ce motif, elle n'existe que si elle est authentique.

La Bienveillance ne se mime pas, elle se vit. Elle ne se met pas en équation, ni en process, ni en procédures. Elle ne peut pas faire l'objet de plans d'action déclinés de haut en bas dans toute l'entreprise. Car, à ce jeu, elle deviendra vite une parodie.

> " La Bienveillance ne se mime pas, elle se vit.

De fait, il est plus facile et plus parlant d'évoquer la notion de culture de Bienveillance. Une culture d'entreprise est faite de valeurs, de comportements et de règles. Une culture de Bienveillance dans l'entreprise est une culture qui institue la Bienveillance comme une valeur fonda-mentale de l'entreprise, qui favorise les comportements bienveillants à tous les niveaux entre ses employés et qui édicte quelques règles ou disciplines simples et concrètes pour la promouvoir.

Dans cette affaire, le rôle des dirigeants et des managers est d'expliquer la culture qu'ils veulent développer. Il s'agit d'éveiller la conscience de ses collaborateurs et non pas d'établir une méthode. Pour susciter leur intérêt, en espérant plus tard leur adhésion, il convient de leur dévoi-ler la vraie finalité attachée à la culture de Bienveillance. La vraie finalité n'est pas d'augmenter la performance de l'entreprise ni de rendre plus productifs ses employés. La seule et vraie finalité d'une culture de Bienveillance est de rendre les hommes et les femmes de l'entreprise plus heureux.

Est-ce qu'un jour l'entreprise en tirera un profit ? On peut le penser mais rien n'est garanti… car la Bienveillance est d'un autre ordre. Elle s'épanouit dans la gratuité. C'est la seule dimension de l'entreprise qui ne s'opère pas dans l'univers marchand : on ne monnaye pas la Bienveillance. On n'en attend pas de retour sur investissement. Non ! Au contraire, on la promeut, on la fait vivre autour de soi, on la laisse porter ses fruits peu à peu, on la cultive avec patience.

Pour cette raison, on n'installe pas une culture de Bienveillance du jour au lendemain. Il faut partir de ce que l'on est et progresser pas à pas dans la voie de la Bienveillance.

On peut commencer par en discuter et ce, quel que soit le niveau dans l'entreprise (au sein d'un comité exécutif, d'un comité de direction, d'une équipe projet ou d'une équipe terrain). Laisser les membres du collectif réfléchir à son sujet. Veiller à ce qu'ils s'approprient la Bienveillance comme une vraie valeur. Les inviter à améliorer leurs comportements personnels en *one-to-one* et en groupe. Leur laisser le temps d'apprécier ce que cela change dans leur vie au quotidien. Les inciter à tirer les conclusions de ce qu'ils ont vécu et appris sur eux-mêmes et leurs collègues. Les inviter à se demander comment ils pourraient s'y prendre pour faire bénéficier leur n-1 de leur expérience et les initier à leur tour à la Bienveillance…

LA BIENVEILLANCE EST CONTAGIEUSE

Les « bienveillants » entraînent les autres, peu à peu, à se comporter de la même manière. Et ainsi, le niveau de Bienveillance de l'ensemble de la collectivité s'élève.

Les récalcitrants sont de plus en plus isolés et doivent se réformer ou partir, car leurs comportements sont de moins en moins tolérés.

Rien ne garantit de manière définitive la réussite d'une culture de Bienveillance. Il faut parfois des années pour la construire et quelques mois pour la détruire, mais une culture de Bienveillance est une culture qui encourage les personnes qui sont naturellement disposées à la Bienveillance à la manifester très largement dans leur organisation, et ensuite dans leur vie quotidienne.

Alors, la Bienveillance : utopie ou réalité ?

Il appartient à chacun d'être un acteur de la Bienveillance. Même dans un environnement totalement adverse, chaque personne, à son niveau, peut être un agent de Bienveillance. La Bienveillance est une réalité chaque fois que quelqu'un l'incarne.

> **La Bienveillance est une réalité chaque fois que quelqu'un l'incarne.**

L'utopie, c'est de croire qu'une culture de Bienveillance s'impose par le haut ou résulte d'un big bang initial provoqué par le sommet de la hiérarchie. C'est le risque principal des grandes organisations que de vouloir toujours tout ramener à une décision de principe prise par le sommet.

La réalité, au contraire, c'est que la Bienveillance se cultive par un processus de diffusion progressive au sein de l'entreprise, et qu'il sera d'autant plus fort qu'il partira également des équipes de terrain.

Le rôle des managers est d'inspirer cette culture, d'en inoculer les germes là où elle est absente et de la traduire personnellement dans leurs actes quotidiens.

Rien n'étant parfait dans notre monde, il est évident qu'une culture de Bienveillance absolue sera toujours à atteindre. Il reste que, chaque fois qu'une seule personne ou qu'une équipe incarne et vit la Bienveillance, celle-ci devient une réalité dans l'entreprise et la fait progresser.

Laurent Choain, DRH d'un cabinet international d'audit et de conseil, président du Cercle de la Prospective RH

Ma vie professionnelle s'est essentiellement déroulée dans des organisations où la compétitivité systématique et le scepticisme étaient des valeurs cardinales. Ces organisations partagent par ailleurs une croyance inexpugnable dans la confiance comme vecteur essentiel de leadership ; or, la confiance n'est qu'un sous-produit de la bienveillance.

Le concept a été détourné et brillamment rendu venimeux dans un roman célèbre des années 2000, mais la bienveillance est une vertu, c'est-à-dire une valeur doublée d'une attitude pour surmonter le scepticisme, l'analyse critique avec lesquelles elle peut coexister. Le problème du sceptique n'est pas le scepticisme, c'est sa continuation dans le cynisme. On peut être parfaitement sceptique ou pessimiste mais avoir la force intérieure de ne pas céder, en conséquence, à la facilité de la déprime et de la dépréciation des autres. Il faut répondre au « silence déraisonnable du monde » en lui opposant non pas la *confiance*, valeur complexe, qu'en mathématique on appellerait « continue », mais la *bienveillance*, valeur « discrète », rapidement, ou non, discernable.

Pour autant, qu'est-ce que la bienveillance et quels en sont ses avatars dans les organisations ? La langue anglaise, *lingua franca* du management et des affaires, propose régulièrement des néologismes qui deviennent mondiaux faute d'une traduction satisfaisante dans d'autres langues. Mais « bienveillance » n'a pas d'équivalent simple ou direct pour les anglo-saxons.

L'une des traductions fidèles (avec *benevolence*), mais peu intuitive à l'idée de bienveillance, n'a elle-même en retour pas de traduction aisée en français : *caring*. Signifiant tant « prendre soin » que « porter attention », c'est l'attitude associée à la qualité du service et le fondement d'un mode de leadership très supérieur dans la durée. Particulièrement en vogue chez les centaures de la nouvelle économie, le *conscious leadership* est en réalité une éthique de la bienveillance, une hygiène des relations humaines dans les organisations, dont la question centrale est de savoir si ces organisations développent, détruisent ou n'ont aucun impact sur l'estime de soi professionnelle, voire générale, des individus qui les composent.

La bienveillance dans les organisations est l'horizon le plus civilisé du leadership ; non pas celui qui permet de faire faire aux équipes ce qu'on veut qu'elles fassent à court terme, mais celui qui permet de mobiliser ce qu'on ne peut pas rétribuer, de créer ce que les anglo-saxons appellent l'*extramile*, l'effort discrétionnaire. Trois éléments permettent de créer un environnement de bienveillance : une atmosphère de jeu permanent, faisant la part belle à l'humour sans ironie et à l'autodérision ; un écosystème large et ouvert où des talents externes peuvent ressentir une appartenance égale à l'équipe ; une culture du feedback constructif et instantané appuyé sur la volonté consciente et partagée de développer l'employabilité de tous.

Les univers bienveillants permettent d'accéder à une pratique de leadership partagé, durable et non-antagoniste, qui donne un sens commun aux engagements individuels très supérieur aux injonctions à la confiance. La bienveillance n'est pas une valeur, mais une pratique d'avenir et l'un des traits distinctifs d'un leadership moderne.

Bienveillance, mode d'emploi

Diffuser la Bienveillance et faire vivre la Bienveillance reposent sur un triptyque :

- En premier lieu, il faut établir des modes de fonctionnement de l'organisation (de l'équipe ou du groupe) qui favorisent l'émergence d'une culture de la Bienveillance, en particulier : fonder l'organisation (l'équipe ou le groupe) sur les principes de subsidiarité, de responsabilité et de clarté des territoires d'action qui permettent à chacun de développer son autonomie. Cette première étape est essentielle pour créer le terreau favorable à la Bienveillance.

- En second lieu, il convient d'inviter les équipes à élaborer et partager un code de conduite qui définit et suggère l'adoption des comportements adéquats entre les membres de l'équipe propres à créer et entretenir les gestes de la Bienveillance. Chaque équipe sera invitée à revisiter régulièrement le code de conduite, et surtout, à partager l'expérience vécue à la fois de façon individuelle et collective. Ce partage est au cœur de la création d'une nouvelle solidarité dans l'entreprise et d'une humanisation profonde des rapports entre les collaborateurs de l'entreprise.

- Enfin, il s'agit que ceux qui sont en charge des équipes suscitent et préservent cette Bienveillance par leur action ; ce qui exige d'eux d'être exemplaires, et pour ce faire, d'être des hommes et des femmes libres, c'est-à-dire à l'aise avec eux-mêmes et avec les autres, de pratiquer la justice, c'est-à-dire l'équité et la justesse, et de favoriser le dialogue dans leur équipe, c'est-à-dire la parole libre qui ne juge pas.

Comment créer les conditions favorables au développement d'une culture de Bienveillance ?	
Les principes d'organisation d'une équipe, d'un groupe ou d'une entité *(Ses principes de fonctionnement)*	**1/ Proclamation de la Bienveillance comme valeur fondamentale** **2/ Principe de subsidiarité** • *Principe selon lequel il ne faut jamais faire remonter au niveau supérieur une décision qui peut être prise au niveau inférieur* **3/ Principe de responsabilité** • *Principe selon lequel tout sujet ou tout problème important doit être pris en charge par une personne parfaitement identifiée qui répond, devant une autre personne ou un groupe d'autres personnes, de l'état d'avancement du sujet ou de la résolution du problème en question* **4/ Clarté des territoires d'action** • *Organiser l'entreprise, la division, le service ou l'équipe selon le principe de responsabilité* • *Le principe de responsabilité exclut la possibilité de chevauchement des territoires d'action* • *Favoriser l'éclosion d'équipes projet* • *Définir précisément les relations entre les entités concernées par la résolution d'un problème* • *Définir un mode de reporting en lien avec l'organisation* **5/ Régularité et profondeur du dialogue avec le manager** • *Dialogue régulier avec le manager portant sur le travail et la manière dont le collaborateur le vit* • *Mais aussi, dialogue spontané chaque fois que la situation l'exige* **6/ Évaluation des managers** • *Il s'agit d'évaluer les comportements du manager avec ses collaborateurs à partir des retours qu'en font ceux-ci auprès d'un tiers (en général un consultant spécialisé)* • *Le manager discute avec son chef, qui en a connaissance, de son évaluation par ses collaborateurs*

Le code de conduite des individus *(Un ensemble de comportements partagés et construits par l'équipe)*	**1/ Affirmation des valeurs** • *Le respect des personnes* – *Nous exprimons notre respect par notre politesse, la reconnaissance de chacun, en créant de la convivialité et en jugeant les actes et non les individus* • *La nécessité de parler vrai* – *Le respect de la vérité consiste à dire les choses telles qu'elles sont ou reconnaître ses actes ou ses responsabilités tels qu'ils sont* – *Toute vérité est bonne à dire quand on sait trouver les mots et le moment propice pour le dire* • *La liberté de parole* – *Échanger est la seule manière de voir le réel. L'acceptation de la parole libre libère ceux qui l'écoutent et ceux qui la profèrent* – *La parole libre ne peut venir que d'une pratique. C'est avant tout un exercice. Plus la communauté s'y adonne, plus elle développe en chacun le sens et l'audace de la liberté de parole* **2/ Recommandations sur les comportements (déclinaison des valeurs) à élaborer en équipe. Par exemple :** • *la politesse ;* • *l'attention à l'autre ;* • *l'expression de la reconnaissance au quotidien ;* • *la convivialité ;* • *l'empathie ;* • *le jugement des actes et non des personnes ;* • *la nécessité d'exprimer les désaccords.* **3/ Mise en place de rituels de l'équipe (moments collectifs de convivialité favorables au développement de l'équipe)** **4/ Élaboration du code de conduite :** • *au niveau de la cellule élémentaire de l'organisation (l'équipe) ;* • *pas d'uniformité nécessaire du code dans toute l'organisation ;* • *processus partant du terrain pour remonter et non décrété du sommet de l'entreprise.*

Le rôle des managers *(Ce que les managers doivent faire pour faire exister la Bienveillance)*	**1/ Donner du sens** • *Permettre à chacun de comprendre le sens de son action, pouvoir l'insérer dans une action collective plus large, être capable de la mettre en rapport avec la mission de l'entreprise* **2/ Pratiquer la justice** • *La justice a deux dimensions dans l'entreprise. D'une part, elle est rattachée à la notion d'équité, et d'autre part à la notion de justesse. Dans cette perspective, on peut dire qu'une décision est juste quand elle est équitable et ajustée à la situation qui l'a causée. Le manager doit veiller à tout moment à avoir un comportement équitable* **3/ Soutenir les collaborateurs** • *Le soutien des collaborateurs est une tâche essentielle et non pas accessoire. C'est une posture fondamentale du management et non pas une option. C'est la seule manière de créer de proche en proche de la proximité entre les collaborateurs de l'entreprise et leur hiérarchie* **4/ Être exemplaire** • *L'exemplarité ne procède pas seulement de la volonté. Personne ne se change vraiment en agissant tout seul. L'exemplarité procède d'un travail à accomplir sur soi-même pour mieux se connaître par le truchement des autres*

Table des interviews

Bibliographie

Albert Éric, *Partager le pouvoir, c'est possible*, Albin Michel, 2014.

Algan Yann, Cahuc Pierre, Zylberberg André, *La fabrique de la défiance*, Albin Michel, 2012.

Amabile Teresa, Kramer Steven, *The Progress Principle: Using Small Wins to Ignite Joy, Engagement and Creativity at Work*, Harvard Business Review Press, 2011.

Aubert Nicole, De Gaulejac Vincent, *Le coût de l'excellence*, Seuil, 2007.

Cardinal Marie, *Les mots pour le dire*, Grasset, 1975.

Cohen Raphaël H., *L'équité dans l'entreprise, nouvel avantage compétitif*, L'Expansion, 2016.

Crozier Michel, Friedberg Erhard, *L'acteur et le système*, Seuil, 1977.

Csikszentmihalyi Mihaly, *Vivre : la psychologie du bonheur*, Robert Laffont, 2004.

Cyrulnik Boris, *Les nourritures affectives*, Odile Jacob, 1994.

Deci Edward, Ryan Richard, *Handbook of Self-Determination Research*, university of Rochester Press, 2002.

Dupuy François, *La faillite de la pensée managériale*, Seuil, 2015.

Dupuy François, *Lost in management, la vie quotidienne au XXIe siècle*, Seuil, 2011.

Dupuy François, *Le client et le bureaucrate*, Dunod, 1998.

Foucault Michel, *Le courage de la vérité, le gouvernement de soi et des autres*, Hautes Études, Gallimard, Seuil, 1984.

Frankl Viktor, *Découvrir un sens à sa vie*, éditions de L'Homme, 2013.

Frey Carl Benedikt, Osborne Michael, *The future of employment: how susceptible are jobs to computerisation?*, university of Oxford, september 17, 2013.

Gabilliet Philippe, *Éloge de l'optimisme. Quand les enthousiastes font bouger le monde*, Saint-Simon, 2010.

Graeber David, « On the Phenomenom of bullshit jobs », *Strike Magazine*, 2013.

Huy Quy, « How middle managers' collective emotions and social identities influence strategy implementation », *Strategic Management Journal*, numéro 32, 2011, pages 1387-1410.

Huy Quy, Mintzberg Henry, *The rhythm of change*, MIT Sloan Management Review, volume 44, numéro 4, 2003.

Huy Quy, Shipilov Andrew, *The key to social media success within organizations*, MIT Sloan Management Review, volume 54, numéro 1, 2012, pages 73-81.

Jaffelin Emmanuel, *Éloge de la gentillesse en entreprise*, First, 2015.

Lyubomirsky Sonja, King Laura, Diener Ed, « The Benefits of Frequent Positive Affect: Does Happiness Lead to Success? », *Psychological Bulletin*, the American Psychological Association, volume 131, numéro 6, 2005, pages 803-855.

Manzoni Jean-François, Barsoux Jean-Louis, *Relations difficiles au travail, rompre le cercle vicieux*, Village Mondial, 2004.

Manzoni Jean-François, Barsoux Jean-Louis, *The Set-Up-To-Fail Syndrome*, Harvard Business Review, 1998.

Maslow Abraham, « A Theory of Human Motivation », *Psychological Review*, 1943.

Mc Gregor, *La dimension humaine de l'entreprise*, Gauthier-Villars éditeurs, 1970.

Mc Clelland David, *The achieving society*, Martino Fine Books, 2010, reprint of 1961 edition.

Mintzberg Henry, *Structure et dynamique des organisations*, Éditions d'Organisation, 1982.

Oswald Andrew, Proto Eugenio, Sgroi Daniel, *Happiness and Productivity*, university of Warwick, 2012.

Pépin Charles, *Les vertus de l'échec*, Allary Éditions, 2016.

Pink Daniel, *La vérité sur ce qui nous motive*, Flammarion, Clés des champs, 2016.

Ramanantsoa Bernard, *Apprendre et oser*, Albin Michel, 2015.

Rojot Jacques, *Théorie des organisations*, Eska, 2004.

Ruffo Marcel, *Frères et sœurs, une maladie d'amour*, Fayard, 2002.

Schutz Howard, *Fundamental interpersonal relations orientation (FIRO): A Three-Dimensional Theory of Interpersonal Behavior*, Rinehart, 1958.

Sinek Simon, *Commencer par le pourquoi*, Performance, 2014.

Suleiman Ezra, Bournois Frank, Jaidï Yasmina, *La prouesse française – Le management du CAC 40 vu d'ailleurs*, Odile Jacob, 2017.

THÉVENET Maurice, *Le plaisir de travailler*, éditions d'Organisation, 2000.

THIÉTART Raymond-Alain, *Le management*, PUF, 1980.

TURNER John, HOGG Michael, OAKES Penelope, REICHER Stephen, WETHERELL Margaret, *Rediscovering the social group: A self-categorization theory*, Basil Blackwell, 1987.